les douceurs de l'enfance

Dépôt légal : octobre 2005

ISBN : 201 235 8292

23.27.5829.01.9

les douceurs de l'enfance

80 recettes de gâteaux, desserts et gourmandises

Lenôtre et Philippe Gobet

Photographies **Mickaël Roulier**, Stylisme **Emmanuel Turiot**
avec la collaboration rédactionnelle de **Catherine Vialard**

HACHETTE
Pratique

À Madeleine, Marina et Marie

sommaire

introduction : **envie** de sucre, le goût de **l'enfance** 7

mercredi entre **copains** 19

un **dimanche** en famille 45

les recettes de **grand-mère** 73

goûter spécial vacances 107

desserts pour petites **canailles** 135

douceurs pour faire la fête 157

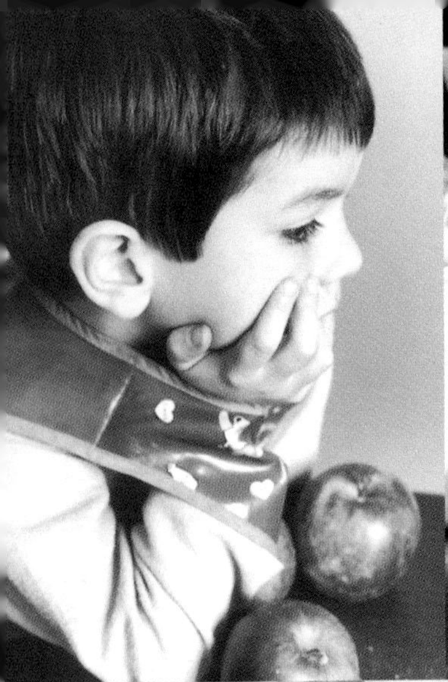

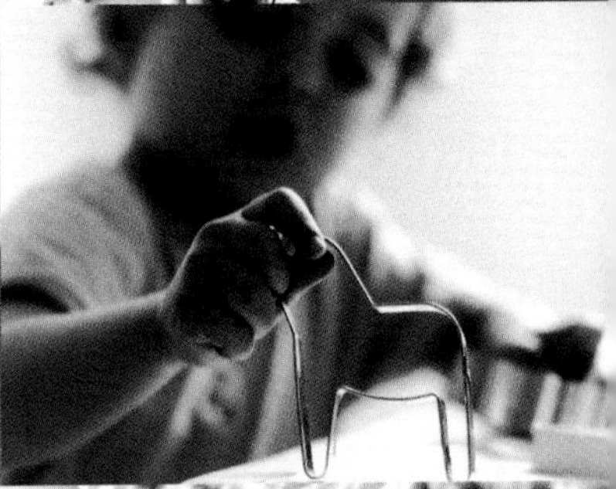

envie de sucre, le goût de l'enfance

Qu'avons-nous retenu de notre enfance ?

Deux ou trois saveurs intimes. Celle du lait chocolaté du petit-déjeuner, de la tartine beurrée poudrée de sucre, ou celle du Saint-Honoré gonflé de crème. Les moments sucrés furent les plus doux. Ce sont ceux des vacances, ceux des goûters, ceux des fêtes en famille. Ceux pour lesquels nous gardons une tendresse infinie et que nous cherchons à retrouver. Mais pourquoi l'enfance a-t-elle ce goût si suave de la chantilly et de la crème vanille ?

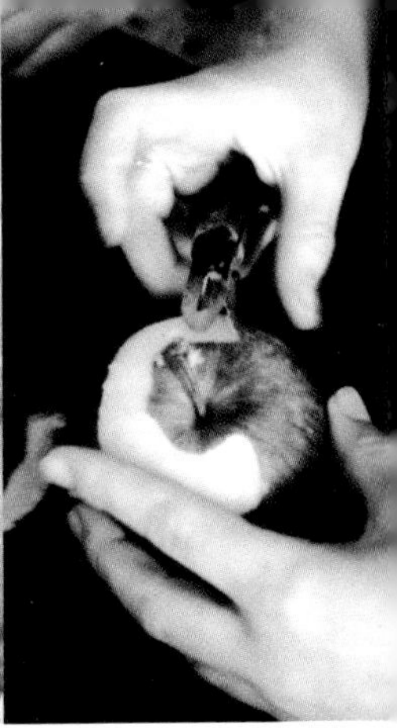

plaisirs sucrés, douceur de vivre

Le goût sucré est le plus partagé. Déjà, le nouveau-né réagit par un sourire au sucré, alors qu'il marque son mécontentement par une mimique désapprobatrice face à l'acide, à l'amer, et même au salé.

Le bébé devient enfant, l'enfant un adulte accompli. Le sucré, source de plaisir infini, nous accompagne à chaque âge de notre vie…

Il est présent dans tous les moments de détente, complice des récréations, des goûters et des vacances. Ces instants où la douceur de vivre l'emporte sur tout le reste. Au fil du temps, la saveur sucrée se fait promesse de plaisirs frivoles et éphémères, qui pourtant gardent un goût d'éternité. À notre insu, elle devient maîtresse du plaisir.

moments récompense

Après l'effort, le réconfort. Il y a les maîtresses qui donnent des bonbons lorsque l'on fait zéro faute à la dictée. Les parents qui en promettent « une fois que les devoirs seront finis ». Les grands-parents qui en offrent aux enfants sages. Les grands frères maîtres chanteurs qui les échangent contre un secret…

La cloche sonne, enfin la récréation ! Dans un bruissement de papier, les pains au chocolat sortent comme par magie des cartables, un peu écrasés par les livres de grammaire et de mathématique, mais qu'importe ! Ils ont ce petit goût de récompense qui fait oublier tout le reste, participe passé et équations y compris !

La maîtresse félicite. Le père félicite. La mère rayonne d'orgueil. Le meilleur élève de la classe ! Ce soir, il y aura un repas digne de l'événement, comme lorsque la grande sœur a obtenu son baccalauréat. Avec son gâteau préféré bien sûr. Une tarte au citron hérissée de petits dômes de meringue où perlent des gouttes de sucre doré.

moments câlins

Lorsque tout va bien, le sucre apporte sa récompense. Quand tout va mal, il console, sa douceur dissipe les angoisses comme un baume guérisseur, comme une caresse pleine de tendresse. Il apaise les peines les plus secrètes, les drames poignants de l'enfance.

Déception enfantine. Une promesse oubliée. Toute la semaine, la petite fille n'a pensé qu'à cela. Dans sa tête défilaient des images de clowns en salopette, des girafes au cou infini, des amazones de l'air en équilibre sur un fil invisible... Mais ses parents ont oublié ! Oubliée cette promesse faite dans un moment d'allégresse. Le cirque ! Une sucette musicale apporte le pardon et la réconciliation. Dimanche prochain, oui. Le rêve reprend forme.

Appendicite. Le verdict du docteur est tombé avec rudesse. Un mot et l'univers s'écroule. Les dames en blanc, le drôle de brancard, les hommes masqués, les tuyaux partout, les vapeurs d'éther. On se réveille, un peu étourdi, un peu fier aussi. Toute une aventure à raconter aux copains. Papa vient chercher le convalescent. Maman l'accueille avec son plus beau sourire, celui qu'elle a quand elle est vraiment contente. Elle sent bon Yves Saint-Laurent. Demain, il n'y aura pas d'école, et Maman fera de la compote de pommes avec du miel. C'est si bon de manger au lit. Se laisser dorloter...

Le petit chat est mort. Il ne viendra plus ronronner aux pieds de l'enfant qui fait ses devoirs. Les pleurs sont inconsolables. Dans les bras de sa mère, il laisse éclater son chagrin. Tandis que fond sous sa langue un carré de chocolat consolateur, les larmes s'apaisent. Maman explique. La vie, la mort, l'espoir...

Le bébé est né ! À la maison, c'est un défilé. Tante Josette, Papi, Mamie, Mamé... Le thé et les chouquettes, le champagne et les biscuits roses, les cacahuètes salées et le cristal où tintent les glaçons, les cadeaux enrubannés... Puis les visites s'espacent. Le bébé pleure. Pleure le jour et pleure la nuit. Il n'y a plus de chansons douces pour le plus grand, plus de longs câlins du soir. *La Belle et le Clochard*. Besoin de réconfort. Dans une coupelle brillent les caramels et les berlingots apportés par la voisine du dessous. Une main voleuse s'empare du précieux butin. Satisfaction immédiate, plaisir instantané, en tournant les pages de *Tintin au Tibet*.

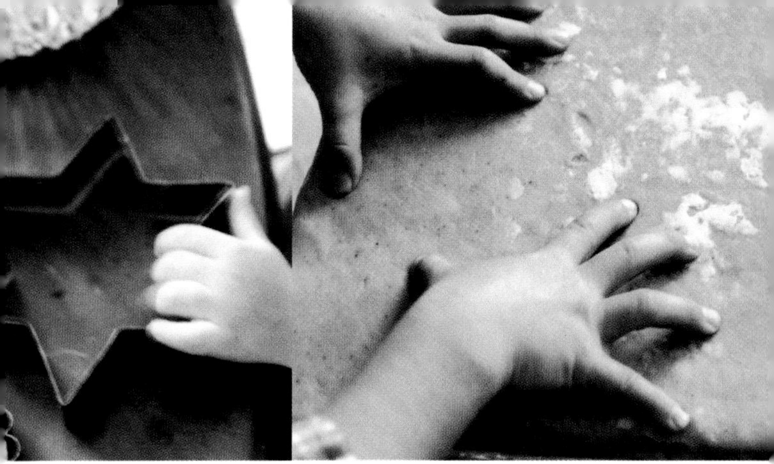

ivresse du sucre

Il y a des moments où l'envie irrépressible de gourmandises demande satisfaction immédiate. Ces moments où le sucre s'impose comme une évidence sont ceux des vacances bienheureuses où il nous grise de ses saveurs suaves aux multiples facettes, où nos sens l'emportent sur la raison.

Sur la plage, les pieds enfouis dans le sable chaud, dans l'un de ces moments où l'on ne pense à rien d'autre qu'au plaisir d'être là, une odeur familière nous sort de cette torpeur bienheureuse. Les gaufres ! C'est le colporteur de gaufres ! L'envie s'allume instantanément dans le regard des enfants qui se tournent avec des mines de conspirateurs vers les parents. Comment résister ? Et les voilà courant à perdre haleine au-devant du magicien des sables, le colporteur de gaufres !

Les manèges tournent en tout sens, emportés par une folie joyeuse. Encore étourdi, on se laisse guider par l'odeur sucrée qui mène jusqu'à l'échoppe de confiseries multicolores. Les fils de sucre rose s'enroulent autour des quenouilles de barbes à papa. À côté de ces pastels, les pommes d'amour éclatent d'un rouge provocateur. La tête tourne. On voudrait tout faire, tout goûter !

C'est l'été, une ville à l'accent chantant. Des géants sur échasses alpaguent les estivants. Des mimes au visage blanchi jouent une sérénade muette. L'âme est au badinage. La vie n'est pas sérieuse. Un fumet caramélisé de cacahuètes ramène à la réalité. Soirée chouchou et limonade.

Un souffle d'air chaud porte avec lui quelques notes de musique éparses. Sur une estrade de fortune, un bal populaire s'improvise. Bras dessus bras dessous. Les corps se serrent et se délacent. Regards furtifs qui s'invitent. Regards en coin vers le chariot de glaces. Cornets tentateurs qui passent d'une main à une autre.

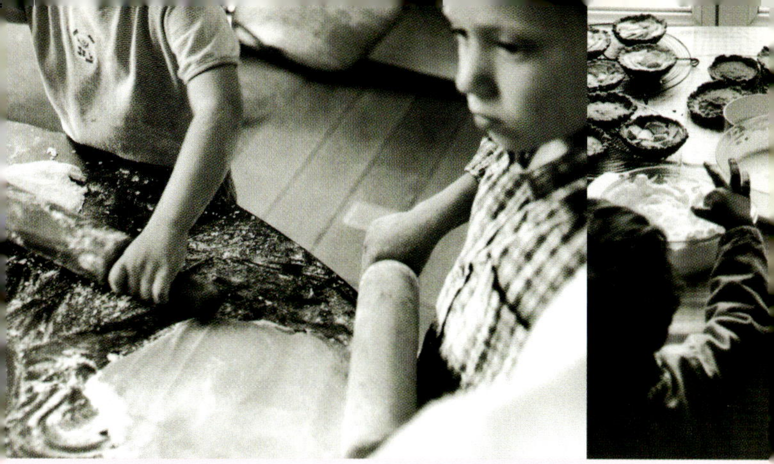

magie de sucre, le **quotidien** en fête

Le sucré distille un brin de magie et d'inattendu dans le quotidien, donnant un air de fête à l'ordinaire.
Comme un bouquet de fleurs inattendues, comme un baiser maternel sur le front soucieux de l'enfant qui travaille.

Retour d'école, un soir comme un autre. L'enfant sent l'odeur de la tarte aux pommes sur sa mère qui vient l'accueillir. Frémissement de joie. Ce n'est plus un soir comme les autres. Quand il y a un dessert, un vrai dessert, pas un yaourt aux fruits, c'est plus qu'un repas, c'est la fête. Une fête intime, sans rien d'autre à commémorer que le plaisir de vivre ensemble.

La pluie dégouline sur les vitres embuées. L'enfant s'absorbe dans la contemplation des gouttes d'eau qui dessinent sur les carreaux la trame de l'ennui, plus menaçant encore que les nuages noirs. Papa dans le fauteuil, en train de lire le journal, sans rien percevoir du drame de l'instant. Ah si, tout de même, au cri déchirant du bâillement, il jette un œil inquisiteur. Et, plein d'allant : si on faisait du chocolat chaud ? D'une main de maître, il mesure le cacao. Du vrai, du Van Houten. Celui qu'il faut d'abord mélanger avec du sucre et un peu de lait, sinon il y a des grumeaux. Puis on arrose du lait tout fumant. Les gros bols s'emplissent du liquide chaud et odorant. La porcelaine blanche est douce aux lèvres qui se recouvrent de l'écume laiteuse. C'est si bon qu'on se croirait dans une publicité.

Samedi matin, très tôt. Sur le marché, les maraîchers saluent d'un œil appréciateur les héros du matin qui ont sacrifié leur grasse matinée. D'un coup sec, le vendeur coupe le vert des poireaux. Dans la fraîcheur matinale, le panier débordant de fruits et de légumes, on se sent maître du monde. Arrêt à la boulangerie sur le chemin du retour. Odeur irrésistible du pain chaud et des croissants, ça sent bon le matin.

Dimanche, on fera des gaufres. Papa sait très bien les faire. Maman ne s'en mêle pas, elle nous laisse mettre tout ce que l'on veut dessus, sucre, chantilly en bombe, Nutella. Dessine-moi un mouton. L'aviateur qui tombe du ciel. Tous ces mystères à percer. Comment fait-on les gaufres ?

Moments **d'exception**

Nous avons tous croqué dans une pomme d'amour, rutilante et rougeoyante, brisé le sablé d'une tarte aux fraises ou dégusté longuement des cornets de glace multicolores. Mais au-delà de ces émois communs, l'alchimie du souvenir joue de façon mystérieuse et personnelle.

Certains frémissent à l'odeur caramélisée d'une crème brûlée. D'autres tombent en pâmoison devant le millefeuille vanillé qui trône dans la vitrine du pâtissier. L'un se damnerait pour une tarte au citron, l'autre voue un culte à la mousse au chocolat ! Chacun a sa propre mémoire du goût, ses propres références et préférences. Pour éclairer ces passions intimes, il faudrait revivre l'heure des premières rencontres, le goût insensé d'un moment d'éternité. Ce pique-nique improvisé un dimanche lointain par nos parents, ce grignotage de bord de mer un jour d'été, cet anniversaire loufoque et gai, ce bal du 14 juillet, un soir d'orage...

Ce soir il y a des invités ! Les bruits et les odeurs des préparatifs parviennent, un peu étouffés mais si présents tout de même, jusque dans la petite chambre d'enfant où traîne grand ouvert un Lucky Luke. Papa sort de la douche dans des vapeurs d'après-rasage. Puis c'est le tour de Maman, qui quitte la salle de bains métamorphosée et la peau toute douce de crème hydratante. L'enfant rôde dans son sillage, lorgnant sur la casserole de chocolat et le saladier de blancs en neige. Maman s'irrite et s'affole. Papa verse le vin dans la carafe avec un calme d'empereur. Coup de sonnette ! Ça, c'est magique, parce qu'alors Maman n'est plus du tout énervée, elle est tout sourire.

Qu'est-ce qui te ferait plaisir comme gâteau d'anniversaire ? Elle le sait bien, mais elle demande toujours, c'est le rituel. Froissement de papier-cadeau, repas dans les assiettes de fête, et enfin le gâteau ! L'omelette norvégienne. Toute de blanc mousseux, chaude et glacée à la fois, la glace qui commence à fondre sur les bords. La fête ne fait que commencer, mercredi, il y aura le goûter, les guirlandes en papier crépon, les beignets à la banane, tous les copains, Céline qui viendra, elle me l'a promis, la limonade, les cadeaux à ouvrir, la Game Boy, les Malabars et colin-maillard.

Le petit gamin grandit, prend goût aux retrouvailles dominicales. Avec une arrière-pensée, bien sûr. Car si le poulet rôti et le gigot sentent diablement bon, ils ne parviennent pas à masquer l'autre odeur, plus suave, qui s'échappe de la cuisine. Le dimanche en famille sent bon les tartes aux pommes, à la pâte fine et croustillante, les tartes aux fraises toutes brillantes de confiture maison, et le baba au rhum, avec son petit goût d'interdit. Quand c'est fête, il y a parfois des choux à la crème, les mêmes que ceux de la première communion, ou bien des éclairs au chocolat. Et si c'était un vacherin ? Peut-être même que notre gamin aura le courage d'attendre le café, malgré les discussions qui l'endorment un peu, car il a déjà repéré sur le plateau où attendent les tasses à café, les orangettes brillantes de chocolat et les tuiles aux amandes.

Les douceurs de l'enfance dans la littérature

La douceur du sucre nous accompagne tout au long de notre vie, dans les moments les plus forts comme dans ceux du quotidien qu'elle magnifie. Notre mémoire garde le souvenir de ces petits bonheurs gourmands.

Les écrivains ne résistent pas à la tentation et redonnent vie à ces souvenirs sucrés comme l'enfance. Chacun a sa madeleine. Un souvenir, fugace, d'une émotion, intense.

Mémoire d'une saveur

« Et tout d'un coup le souvenir m'est apparu. Ce goût, c'était celui du petit morceau de madeleine que le dimanche matin à Combray (parce que ce jour-là je ne sortais pas avant l'heure de la messe), quand j'allais lui dire bonjour dans sa chambre, ma tante Léonie m'offrait après l'avoir trempé dans son infusion de thé ou de tilleul. La vue de la petite madeleine ne m'avait rien rappelé avant que je n'y eusse goûté... »

Du Côté de chez Swann, Marcel Proust

Fascination du sucre

« Je restais figée devant la vitrine du confiseur, fascinée par l'éclat lumineux des fruits confits... »

Mémoires d'une jeune fille rangée, Simone de Beauvoir

Ce sucre qui magnifie le quotidien...

« Elle est penchée au-dessus d'une cassolette de cuivre où un jus roux explose en petits cratères sucrés. Elle touille pour que ça n'attache pas (...). Voilà qu'en prime Julie sait cuisiner. Détail superfétatoire ? Mon œil : tous les journaux féminins vous le confirmeront, le bonheur est une recette de cuisine.

- Une tarte à la rose trémière, Benjamin.
- À la rose trémière ? s'étonne Jérémy qui est un produit du bitume.
- Une recette de mon père ; notre maison de Vercors était la proie des roses trémières. Jusqu'au jour où le gouverneur mon père a décidé de les bouffer. (...) La gourmandise a embué les yeux du petit, la maison tout entière est une rose trémière mitonnant dans son propre sucre. »

La petite Marchande de prose, Daniel Pennac

Blancheur immaculée de la longue robe de la mariée. Blancheur satinée de la pièce montée drapée d'un fondant cristallisé serti de billes argentées. Tout ce monde ! Un déploiement de cravates, de vestes grand chic, de tailleurs Chanel®, de châles féeriques. Il y a même des chapeaux à voilette ! Embrassades et félicitations. Belle cérémonie. Dispersion. La maison est transfigurée par la table de fête, presque aussi longue que la salle à manger, montée sur des tréteaux d'emprunt. Dans un joyeux brouhaha, chacun s'installe. Le témoin prend la parole au milieu des oreilles distraites par les bruits de couvercles et de portes de four qui claquent. Des terrines marines aux effluves de Saint-Jacques et de saumon prennent place à chaque bout de table. Suit une procession de plats. La porcelaine et l'argenterie s'entrechoquent. Un silence cérémonieux accueille l'entrée de la pièce montée. Enfin !

CAKE
MILK

le goût de **l'interdit**

Notre goût se cristallise autour de ces recettes pâtissières, symboles de gourmandise, de délassement, de liberté. Dans notre mémoire résonne encore les menaçants « Mange ta soupe pour grandir ! » ou « Il faut finir tes épinards pour être fort ! ». Mais jamais l'on ne nous a imposé cette tarte regorgeant de fruits, cet éclair bombé de crème. On s'adonne au sucre par pure gourmandise, sans se soucier des conseils de modération. Une fois que l'appétit s'en est allé, le sucré apparaît comme un mage de conte perse. Une arrivée remarquée, qui ponctue en beauté le repas.
Le sucré a ce délicieux goût d'interdit, celui du « canard » trempé dans le café. Un plaisir que l'enfant grappille çi et là, chez sa grand-mère, chez ses copains, lorsque la vigilance des parents s'est endormie... Tout enfant a faim de sucre. Les douceurs de l'enfance bravent tous les interdits, structuration des repas, limitation des portions... **C'est ce goût « déraisonnable » que revendique Philippe Gobet, meilleur ouvrier de France.**

l'enfance de l'art

La pâtisserie nous impressionne. Comme une science qui requiert des connaissances précises et un véritable savoir-faire. Seul dans sa cuisine, le doute s'installe, et l'on se sent bien démuni face aux recettes sophistiquées et aux photos splendides de nos livres de cuisine. Mais lorsqu'elle nous est contée par un professionnel qui a retenu les leçons de sa grand-mère, la pâtisserie redevient notre histoire, notre bien. **Ce livre nous aide à revivre le goût perdu du clafoutis de notre enfance.** Il nous redonne en quelques mots simples les recettes magiques de l'île flottante, de l'éclair au chocolat, et de toutes ces recettes dont les intitulés mêmes sont une ode à l'enfance.

La **pâtisserie** d'aujourd'hui a retrouvé le goût de l'enfance

« Cela me rappelle la mousse au chocolat de mon enfance ». Le plus beau compliment que l'on puisse faire à la maîtresse de maison, et même au chef le plus étoilé. Cette phrase innocente en aurait pourtant blessé plus d'un, il y a quelques années, lorsque les chefs revendiquaient un savoir-faire de professionnel. Passée l'ère du rationalisme culinaire, ils se tournent aujourd'hui vers une approche plus affective, comme en témoignent ces « cocottes de légumes » ou ces « gratins de pommes de terre grand-mère » qui fleurissent sur les cartes. Il en est de même pour la pâtisserie.
Nous avons connu la vogue du « dessert cuisiné », servi à l'assiette, calqué sur des préparations salées, qui glorifiait le fruit, poêlé, gratiné, en gelée, en croustillant, en papillote... Nous avons vu les crèmes vanille ou chocolat détrônées par les mousses de fruit, le légume usurper la place du fruit, le basilic côtoyer la fraise, la glace vanille s'acoquiner avec la truffe noire.
Après avoir fricoté avec ces quenelles givrées, ces croustillants miniature, ces coulis ostentatoires, nous revenons vers les desserts moelleux, aux saveurs douces et rassurantes de l'enfance.
La pâtisserie renoue avec ses origines, celle des desserts grand-mère. On retrouve le goût du pain perdu. Les entremets moelleux, crème brûlée en tête, reviennent au goût du jour. Le clafoutis est redevenu le dessert vedette. **Les « gâteaux » prennent leur revanche.** Quatre-quarts, vacherin, baba au rhum et omelette norvégienne ont une séduction familière.

Aujourd'hui, la cuisine des chefs professionnels rejoint celle des « mères cuisinières ». Avec quelque chose de leur sensibilité, une émotion qui nous bouleverse.
Le célèbre pâtissier Lenôtre fut l'un des précurseurs en ce domaine, lui qui a mis sa science au service d'ouvrages de pâtisserie pratiques, destinés à tous, où se côtoyaient la tarte au citron et le pudding. Des desserts qui donnent envie de se lécher les doigts. **Non, la pâtisserie n'est pas réservée à une élite** : c'est ce que nous dit Philippe Gobet, hier pâtissier de Joël Robuchon, aujourd'hui directeur de l'école Lenôtre.
Ce grand chef n'a pas perdu le tour de main des recettes classiques et gourmandes de notre enfance. Il les transpose ici avec une incroyable simplicité. En les lisant, on voudrait déjà s'emparer du tamis et du rouleau à pâtisserie. Philippe Gobet ne nous impose pas de ces ingrédients fabuleux et introuvables. Sucre, farine et beurre sont les sésames d'une pâtisserie à portée de tous. Il fallait un homme de l'art pour nous ramener aussi naturellement sur les rives de notre enfance pâtissière.

Pour notre plaisir, Philippe Gobet réveille nos souvenirs gourmands, autour de recettes personnelles et universelles.
Homme de mémoire, cadet d'une famille de neuf enfants originaire du Beaujolais, il a choisi de nous raconter la pâtisserie à sa façon, en plongeant dans ses souvenirs. Au fil des chapitres, on devine en filigrane le gamin gourmand qui vient rôder dans la cuisine de sa grand-mère ou qui attend impatiemment le dessert à la table familiale. On voit ses copains entrer en scène, lors de goûters turbulents ou de vacances oisives. **Avec lui, nous redevenons, à notre insu, le petit garçon, la petite fille, que nous étions.**

ballon rouge, les vacances en 2CV, je te tiens par la barbichette, l'odeu
craie, goûter la neige, se réveiller le matin de Noël, je t'aime un peu be
up..., Titounette ma belette, le Fluocaril à la framboise, les bis
billons, pique-niquer au bord de l'eau, les guilis sous les pieds, appren-
ager à la piscine d'Amboise, Isidore et Clémentine, mon anniversaire r
r, les soirées croque-monsieur, le rouge à lèvres rose nacré de mama
vu t'as pas pu me voir, l'oscologne... l'eau de Cologne, la confiture de
a cuillère dans notre cabane perchée, sucer un glaçon, « Trois jeunes t
urs » chanté à tue-tête dans la voiture, vanille fraise, la Tour Eiffel pa
caliers, Zorro mon premier vélo, les bons points, la balle au prisonnie
à la ferme, pauvre petit chat malade, Aïe Pépito, les baignades dan
scade, Titite et ses petits, le cadeau de la petite souris sous l'oreiller
urs de piano, mon déguisement de gitane pour la kermesse de l'école
eilles percées, la dame violette qui sent si bon, Pierre et le loup, le po
tella caché en haut du placard, encore une histoire..., dessiner sur les
avec les gouttes d'eau, Piccolo saxo, la sieste sous le citronnier, jouer
arelle sur le trottoir, le cadeau Bonux, l'angoisse du dimanche soir, cu
coucous, dis bonjour à la dame, l'odeur après l'orage, les barbes à pa
fête foraine, boire à la paille en faisant du bruit, pic et pic et colégram
poupée Nina, le vélo jusqu'au bout de la rue, la chair de poule, regard
uie tomber, le pain doux à la confiture de madame Nigen, les petites an
s, 1 2 3 soleil, alors qu'est-ce que tu racontes de beau ?, l'antésite, r
apeau de fée, lire à la lampe de poche sous la couverture, les raviolis
ercredi, le nez écrasé contre la vitre, guetter l'arc-en ciel, le chat Sigm
ns la chaise longue, l'oiseau tombé du nid, grignoter les petits beurre
mmençant par les coins, les parties de rami, la casquette smurf de Pif
t, la jupe longue en velours, sauter par-dessus les flaques d'eau, les hi
lles, jouer à l'île aux trésors dans la cour de mamie, la maison de paille
ourts faits maison, les cerises en boucles d'oreilles, souvenirs d'enfa
s crêpes au beurre salé sur la plage de Port Manech, le ballon rouge
cances en 2CV, je te tiens par la barbichette, l'odeur de la craie, goût
ige, se réveiller le matin de Noël, je t'aime un peu beaucoupƐ, Titoun

mercredi entre copains

chouquettes au sucre

pour 30 **chouquettes environ** – préparation, **30 minutes** – cuisson, **25 minutes**

125 g de farine
125 g de beurre
1 cuil. à café de sucre en poudre
4 œufs
12,5 cl de lait
12,5 cl d'eau
2 pincées de sel

pour la finition
50 g de sucre en gros grains (chez le pâtissier)
20 g de sucre glace

1 Versez le lait, l'eau, le sucre en poudre et le sel dans une casserole et ajoutez le beurre préalablement fondu ou coupé en petits morceaux. Portez la casserole sur le feu et faites bouillir.

2 Tamisez la farine et ajoutez-la en une fois, hors du feu. Mélangez à l'aide d'une spatule.

3 Remettez la casserole sur feu doux et remuez la pâte pendant 1 minute. Versez-la dans un saladier et ajoutez les œufs un à un en mélangeant de nouveau.

4 Beurrez une plaque à pâtisserie et déposez dessus des petits tas de cette pâte à l'aide d'une poche à douille unie ou bien d'une cuillère à café. Parsemez le dessus de sucre en gros grains. Faites cuire dans le four à 180 °C (th. 5-6) pendant 25 minutes environ.

5 Sortez du four et saupoudrez légèrement de sucre glace.

Notre conseil : Si, une fois terminée (avant la cuisson), la pâte à choux manque un peu de souplesse, ajoutez 2 à 3 cuillerées de lait bouillant.

mousse au chocolat noir

pour 6 **personnes** – préparation, **30 minutes** – réfrigération, **2 heures minimum**

300 g de chocolat noir
80 g de sucre en poudre
100 g de beurre
6 œufs

1 Coupez le chocolat en petits morceaux et faites-le fondre au bain-marie ou au four à micro-ondes.

2 Faites ramollir le beurre, ajoutez-le au chocolat fondu et remuez à l'aide d'une spatule jusqu'à l'obtention d'un mélange lisse.

3 Cassez les œufs et incorporez les jaunes au mélange précédent (en réservant les blancs). Ajoutez le sucre en poudre.

4 Ajoutez 1 pincée de sucre aux blancs d'œufs et montez-les en neige bien ferme. Incorporez-les au mélange chocolaté en mélangeant à l'aide d'une spatule.

5 Versez la mousse ainsi obtenue dans un saladier, puis réservez au réfrigérateur 2 heures minimum.

Notre conseil : Pour faire fondre du chocolat au four à micro-ondes, il vaut mieux programmer un temps de chauffe très court dans un premier temps (30 secondes par exemple) et bien mélanger à la spatule avant de renouveler l'opération si nécessaire, pour éviter de faire brûler le chocolat.

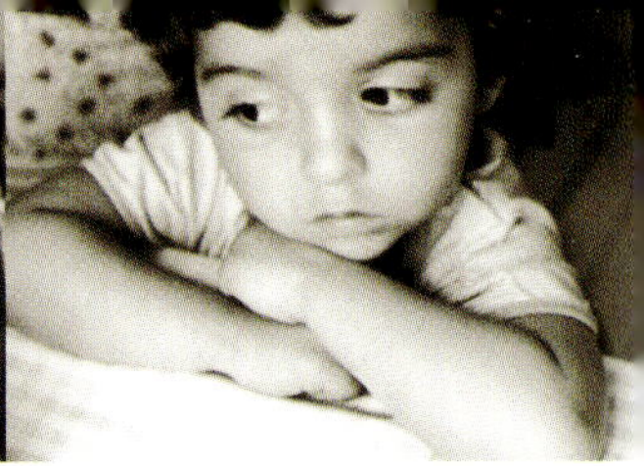

gâteau fondant au chocolat

pour 8 **personnes** – préparation, **25 minutes** – cuisson, **30 minutes**

200 g de chocolat noir
125 g d'amandes en poudre
1 cuil. à soupe de farine
125 g de sucre en poudre
125 g de beurre
5 œufs entiers

1 Faites fondre au bain-marie le chocolat noir coupé en carrés. Lorsqu'il est fondu, ajoutez hors du feu le beurre coupé en petits morceaux et incorporez un à un les 5 jaunes d'œufs en réservant les blancs. Mélangez à l'aide d'un fouet jusqu'à l'obtention d'un mélange bien lisse.

2 Ajoutez le sucre en poudre, puis la farine et les amandes en poudre.

3 Ajoutez 1 pincée de sucre en poudre aux 5 blancs d'œufs et montez-les en neige très ferme. Incorporez-les très délicatement au mélange précédent.

4 Beurrez et farinez un moule, puis versez-y la pâte en prenant soin de ne pas le remplir à plus des deux tiers de la hauteur. Faites cuire dans le four à 170 °C (th. 5) pendant 30 minutes environ.

5 Démoulez sur une grille à pâtisserie à la sortie du four.

Notre conseil : N'utilisez pas un chocolat trop amer (60 % de cacao maximum). Ce gâteau peut être conservé 1 à 3 jours hors du réfrigérateur.

charlotte aux fraises de Marie

pour 8 **personnes** – préparation, **1 heure – à préparer plusieurs heures à l'avance**

300 g de fraises bien mûres
14 gros biscuits à la cuillère
50 g de confiture de fraises

pour la crème à la vanille
25 cl de lait
22 cl de crème liquide
1/2 gousse de vanille
2 feuilles de gélatine
70 g de sucre en poudre
3 jaunes d'œufs

pour le sirop
1 cuil. à soupe de kirsch
1 cuil. à soupe de sucre en poudre
4 cuil. à soupe d'eau

matériel
moule à charlotte

1 Lavez et équeutez les fraises. Coupez-les en deux et réservez-les au réfrigérateur. Faites tremper les feuilles de gélatine dans de l'eau bien froide.

crème à la vanille

2 Faites bouillir le lait et ajoutez la gousse de vanille fendue en deux dans le sens de la longueur. Couvrez et faites infuser. Mélangez les jaunes d'œufs et le sucre en poudre et versez dessus le lait chaud. Portez sur le feu et faites cuire jusqu'à ce que la crème devienne épaisse. Retirez la casserole du feu et passez la crème au chinois dans un saladier. Ajoutez la gélatine et faites refroidir.

3 Versez la crème liquide dans un saladier et fouettez-la comme pour une chantilly. Incorporez les deux crèmes l'une à l'autre et mélangez délicatement à l'aide d'une spatule.

sirop

4 Préparez le sirop en mélangeant l'eau, le sucre en poudre et le kirsch et trempez-y légèrement les biscuits à la cuillère.

5 Rangez les biscuits sur les bords d'un moule à charlotte et versez la moitié de la crème à la vanille. Ajoutez quelques fraises et une rangée de biscuits. Versez le reste de la crème et finissez par une rangée de biscuits.

6 Mettez au réfrigérateur plusieurs heures et retournez la charlotte sur un plat de présentation. Décorez avec le reste des fraises et lustrez les fruits avec de la confiture de fraises.

Notre conseil : Pour faciliter le démoulage de la charlotte, tapissez les parois et le fond du moule de film alimentaire avant de mettre les biscuits.

De bonne tenue, facile à transporter dans le panier du pique-nique ou dans une poche pour un **goûter itinérant**, le marbré s'adapte à toutes les situations en gardant longtemps son moelleux. **Mystérieux biscuit** où la vanille rencontre le chocolat, où les saveurs se touchent sans se mélanger. Et pourtant si simple à réaliser ! Un secret de fabrication : remplissez le moule et laissez-le quelques heures au réfrigérateur avant de le mettre au four. La cuisson sera plus régulière et le final encore plus beau ! Vous verrez la croûte craqueler sur le dessus, laissant déborder la pâte qui prend alors **une belle teinte dorée**...

marbré au chocolat

pour 8 **personnes** – préparation, **40 minutes** – cuisson, **40 minutes**

10 g de cacao en poudre
220 g de farine
220 g de sucre glace
1 sachet de sucre vanillé
125 g de beurre
3 œufs entiers
1/2 sachet de levure chimique
3 cl de lait

matériel
moule à cake de 20 cm de longueur

1 Faites ramollir le beurre et mélangez-le au sucre glace et au sucre vanillé à l'aide d'un fouet.

2 Tamisez la farine et la levure chimique. Versez dans un saladier un tiers de la farine et incorporez-y 1 œuf. Ajoutez le deuxième tiers de la farine et incorporez-y le deuxième œuf. Ajoutez le reste de la farine et incorporez-y le troisième œuf.

3 Mélangez le cacao en poudre et le lait. Versez un tiers de la pâte dans un saladier et incorporez-y ce lait chocolaté.

4 Beurrez un moule à cake de 20 cm de longueur et versez successivement de la pâte blanche et de la pâte chocolatée en alternant plusieurs couches des deux préparations. Faites cuire 40 minutes dans le four à 160 °C (th. 4-5).

Notre conseil : Pour changer du gâteau marbré classique, vous pouvez vous amuser à jouer sur les couleurs en teintant la pâte blanche avec de la pâte de pistache ou de noisette, du praliné, du café, ou encore des fruits confits.

quatre-quarts

pour 6 **personnes** – préparation, **20 minutes** – cuisson, **35 à 40 minutes**

160 g de farine
160 g de sucre en poudre
160 g de beurre fondu
3 œufs entiers
1 sachet de sucre vanillé
1 cuil. à soupe de cognac
1 pincée de sel

matériel
moule de 18 cm de longueur

1 Cassez les œufs et séparez les blancs des jaunes. Versez les jaunes d'œufs dans un saladier et ajoutez le sucre en poudre, le sucre vanillé et le sel.

2 Ajoutez le beurre fondu. Tamisez la farine et incorporez-la en mélangeant délicatement. Montez les blancs d'œufs en neige ferme et incorporez-les au mélange précédent à l'aide d'une spatule. Incorporez le cognac.

3 Beurrez et farinez un moule de 18 cm de longueur et versez-y la pâte. Faites cuire dans le four à 170 °C (th. 5) pendant 35 à 40 minutes.

4 Sortez du four et démoulez sur une grille à pâtisserie.

Notre conseil : Pour garder pendant plusieurs jours le moelleux du quatre-quarts, de même que du marbré et des cakes, enveloppez-le dans un film alimentaire lorsqu'il est encore tiède, à la sortie du four.

crumble aux fruits rouges

pour 8 **personnes** – préparation, **30 minutes** – repos, **1 heure** – cuisson, **25 minutes**

pour la pâte à crumble
100 g de farine
100 g de sucre cassonade
100 g de beurre
2 pincées de cannelle en poudre

pour le mélange de fruits rouges
200 g de fraises
150 g de framboises
100 g de myrtilles
20 g de sucre vanillé
100 g de sablés bretons

pour la finition
sucre glace

matériel
plat à gratin de 24 cm de diamètre environ

pâte à crumble

1 Faites ramollir le beurre. Mélangez la farine, le sucre cassonade et la cannelle en poudre. Ajoutez le beurre ramolli et remuez avec une cuillère en bois pour obtenir un mélange sableux.

2 Réservez 1 heure dans un endroit frais pour que les matières sèches absorbent la matière grasse.

mélange de fruits rouges

3 Équeutez les fraises, puis lavez-les et coupez-les en deux. Versez tous les fruits dans un saladier et mélangez délicatement. Ajoutez le sucre vanillé.

4 Versez les fruits dans une casserole assez large et faites cuire 2 à 3 minutes à feu vif. Réservez hors du feu.

5 Beurrez un plat à gratin de 24 cm de diamètre environ et parsemez le fond de sablés bretons écrasés. Répartissez uniformément les fruits rouges et parsemez le dessus de pâte à crumble. Faites cuire dans le four à 180 °C (th. 5-6) pendant 25 minutes environ. Sortez du four et laissez tiédir 20 minutes.

6 Saupoudrez de sucre glace avant de servir.

Notre conseil : Outre sa simplicité et sa légèreté, un des grands atouts de ce dessert est qu'il peut être préparé le matin pour le soir. Passez-le au four au dernier moment pour redonner du croustillant à la pâte et vos invités n'y verront que du feu ! Servi accompagné d'une glace à la vanille, il sera absolument succulent.

Gourmandise des temps modernes, **le brownie se prête à toutes les audaces**. La génération Häagen-dazs appréciera la noix de pécan ou la noix de **macadamia**. Ces noix doivent être brisées en petites parcelles, sans être broyées. Que cela croque sous la dent ! Les plus classiques adoreront la présence de zestes d'orange, tandis que les voyageurs préféreront **l'exotisme d'une d'épice**, cannelle, poivre de Sichuan... Le brownie est prêt lorsque la pâte se soulève au centre et que le pourtour craquelle. Une lame piquée à cœur doit en ressortir sèche. Quand le gâteau est froid, on le saupoudre de **sucre glace**. On peut aussi le découper en larges carrés et le déguster tout chaud !

brownies au chocolat

pour 8 **personnes** – préparation, **20 minutes** – cuisson, **30 minutes**

75 g de chocolat noir
300 g de cerneaux de noix
100 g de farine
250 g de sucre en poudre
1 sachet de sucre vanillé
75 g de beurre
4 œufs

1 Faites fondre le chocolat au bain-marie. Hachez grossièrement les cerneaux de noix.

2 Faites ramollir le beurre, puis ajoutez le sucre en poudre, les œufs et le sucre vanillé. Mélangez énergiquement pour obtenir une préparation bien lisse.

3 Ajoutez le chocolat fondu, puis la farine et 100 g de noix hachées.

4 Beurrez un moule et couvrez le fond d'une feuille de papier sulfurisé. Versez-y la pâte.

5 Parsemez le dessus des noix hachées restantes. Faites cuire 30 minutes dans le four à 170 °C (th. 5).

Notre conseil : Pour conserver les carrés de brownie, enveloppez-les dans un film alimentaire ou de l'aluminium ménager.

gâteau au yaourt

pour 8 **personnes** – préparation, **20 minutes** – cuisson, **35 minutes**

125 g de yaourt
le zeste râpé d'un citron
20 g d'amandes effilées
220 g de farine
250 g de sucre en poudre
3 œufs entiers

1 sachet de levure chimique
3 cuil. à soupe d'huile
beurre pour le moule

pour la finition
50 g de sucre glace

1 Cassez les œufs dans un saladier et ajoutez le sucre en poudre. Mélangez à l'aide d'un fouet jusqu'à l'obtention d'un mélange lisse et onctueux.

2 Ajoutez le yaourt, le zeste de citron, l'huile et mélangez délicatement. Tamisez la farine et la levure chimique et incorporez-les.

3 Beurrez et farinez un moule puis versez-y ce mélange. Parsemez le dessus d'amandes effilées et faites cuire dans le four à 170 °C (th. 5) pendant 35 minutes environ.

4 Sortez du four et démoulez sur une grille à pâtisserie. Saupoudrez de sucre glace après complet refroidissement.

Notre conseil : Vous pouvez ajouter des fruits rouges (framboises, fraises, myrtilles) dans la pâte à gâteau juste avant de la verser dans le moule. Un vrai régal !

Dessert en vogue, le moelleux au chocolat s'est d'abord fait connaître chez nos chefs. C'est aujourd'hui **le dessert favori des enfants,** supplantant même le clafoutis ! Mais comment obtenir ce cœur coulant sans courir à la catastrophe ? Entre mousse et biscuit, ce prodige resta longtemps classé parmi les recettes irréalisables pour les pâtissiers du dimanche. En réalité, la recette est simplissime. Son secret repose sur une moindre proportion de farine et un **temps de cuisson assez court**. Ces délicieux moelleux peuvent se préparer à l'avance (24 heures au réfrigérateur) ou même être congelés ! En ce cas, sortez-les 1 heure à l'avance avant de les faire cuire.

petits moelleux au chocolat

pour 8 **personnes** – préparation, **45 minutes** – cuisson, **9 minutes**

190 g de chocolat noir
50 g de noisettes
80 g de farine
120 g de sucre en poudre
180 g de beurre fondu
3 œufs entiers + 4 jaunes d'œufs

pour la sauce à la vanille
1 gousse de vanille
2 grains de café
25 cl de lait
50 g de sucre en poudre
2 jaunes d'œufs

matériel
8 petits moules individuels de 5 cm de diamètre et 5 cm de hauteur

sauce à la vanille

1 Faites bouillir le lait et ajoutez hors du feu la gousse de vanille fendue en deux dans le sens de la longueur et les grains de café écrasés. Couvrez et laissez infuser 10 minutes.

2 Versez le sucre en poudre et les jaunes d'œufs dans un saladier et fouettez jusqu'à l'obtention d'un mélange onctueux. Portez de nouveau le lait à ébullition et versez-le sur le mélange jaunes d'œufs – sucre. Versez de nouveau dans la casserole et faites cuire jusqu'à ce que le mélange épaississe et devienne onctueux. Laissez refroidir.

moelleux au chocolat

3 Faites fondre le chocolat au bain-marie. Pendant ce temps, versez les noisettes sur une plaque à pâtisserie et faites-les griller dans le four à 160 °C (th. 4-5) pendant 8 minutes. Laissez-les refroidir et concassez-les.

4 Une fois le chocolat fondu, ajoutez hors du feu le beurre fondu, le sucre en poudre, les jaunes d'œufs et les œufs entiers. Mélangez à l'aide d'un fouet et ajoutez la farine.

5 Beurrez des petits moules individuels de 5 cm de diamètre et parsemez le fond des noisettes grillées et concassées. Garnissez-les de pâte aux deux tiers de la hauteur.

6 Faites cuire dans le four à 180 °C (th. 5-6) 9 minutes environ. Démoulez à la sortie du four sur les assiettes et versez autour la sauce à la vanille.

cookies aux pépites de chocolat

pour 12 **cookies** – préparation, **40 minutes** – cuisson, **15 minutes**

100 g de chocolat noir ou de pépites de chocolat
60 g de sucre « vergeoise brune »
70 g de cerneaux de noix
20 g de cacao en poudre
20 g de miel
1 pointe de couteau de bicarbonate de soude
130 g de farine
125 g de beurre
1 jaune d'œuf
1 pincée de sel

1 Faites ramollir le beurre jusqu'à l'obtention d'une consistance crémeuse. Ajoutez le sucre « vergeoise brune », le sel et le miel, puis incorporez le jaune d'œuf.

2 Tamisez ensemble la farine, le bicarbonate de soude et le cacao, puis ajoutez-les au mélange précédent.

3 Hachez grossièrement le chocolat de façon à former des pépites. Hachez les noix. Incorporez chocolat et noix hachés à la pâte sans trop mélanger.

4 Beurrez une plaque à pâtisserie et déposez dessus des boules formées à l'aide d'une cuillère à glace. Aplatissez légèrement le dessus de chaque boule à l'aide du dos d'une cuillère mouillée.

5 Faites cuire 15 minutes dans le four à 170 °C (th. 5).

Notre conseil : Si vous préférez faire de petits cookies, augmentez la température du four et surveillez bien la cuisson : ils doivent être craquants mais rester moelleux, tendres au centre. Surtout évitez une trop grande coloration, qui entraînerait de l'amertume. Le bicarbonate de soude peut être remplacé par de la levure chimique.

chaussons aux pommes

pour 8 **chaussons** – préparation, **40 minutes** – repos, **2 heures minimum** – cuisson, **20 minutes**

500 g de pâte feuilletée
6 pommes golden
1 gousse de vanille
50 g de sucre en poudre
1 œuf entier

1 Étalez la pâte feuilletée sur 2,5 mm d'épaisseur à l'aide d'un rouleau à pâtisserie. Coupez des disques de 10 cm de diamètre et réservez ceux-ci au réfrigérateur.

2 Lavez et pelez les pommes. Coupez-les en quatre et retirez le centre. Coupez-les en petits cubes et mettez-les dans une casserole. Portez sur le feu et ajoutez la gousse de vanille fendue en deux dans le sens de la longueur et le sucre en poudre. Faites cuire doucement pendant 20 minutes.

3 Réservez deux tiers de cette préparation et passez le tiers restant au mixeur ou au moulin à légumes. Ajoutez la compote ainsi obtenue aux deux tiers de préparation réservés. Laissez refroidir.

4 Allongez légèrement les disques de pâte feuilletée pour leur donner une forme ovale et déposez au centre 50 g du mélange de pommes bien froid. Humidifiez les bords de la pâte avec de l'eau, pliez pour former le chausson et pressez les bords pour bien les faire adhérer. Lustrez le dessus de chaque chausson avec l'œuf battu et réservez au réfrigérateur sur une plaque à pâtisserie pendant au moins 2 heures.

5 Faites cuire 20 minutes dans le four à 180 °C (th. 5-6).

Notre conseil : Vous pouvez préparer les chaussons la veille pour le lendemain et les laisser reposer toute la nuit au réfrigérateur avant de les faire cuire : ils n'en seront que meilleurs ! Si vous préparez vous-même de la pâte feuilletée pour une tarte par exemple, pensez à garder les rognures pour faire ces chaussons.

Ce petit gâteau d'origine fort ancienne, ainsi nommé **en hommage aux financiers de l'Ancien Régime**, est à nouveau dans l'air du temps. Gardant résolument son cachet de petit gâteau artisanal, il ne s'est jamais laissé corrompre par les attraits de la pâtisserie industrielle. **À la fois fondants et très moelleux**, les financiers sont très appréciés au goûter. Traditionnellement, ils sont cuits dans des moules spécifiques, peu profonds et de forme rectangulaires. Mais on peut les confectionner dans des **moules plus grands**, en prenant toutefois la précaution de baisser la température du four de 10 à 15 °C (soit 200 °C, th. 6) et de prolonger le temps de cuisson de 6 à 8 minutes.

financiers au miel

pour 8 **personnes** – préparation, **20 minutes** – cuisson, **10 minutes**

40 g de miel d'acacia
200 g de sucre brun de canne
80 g d'amandes en poudre
80 g de farine complète
120 g de beurre
5 blancs d'œufs

matériel
8 petits moules de la forme de votre choix

1 Mélangez dans un saladier la farine, le sucre brun et les amandes en poudre.

2 Versez les blancs d'œufs dans un autre saladier et fouettez-les légèrement au batteur électrique. Réservez.

3 Coupez le beurre en petits morceaux et versez ceux-ci dans une casserole. Faites cuire doucement sur le feu et retirez la casserole lorsque le beurre commence à devenir brun clair. Laissez refroidir un peu et incorporez-le dans le mélange farine-sucre-amandes.

4 Ajoutez les blancs d'œufs préalablement montés et mélangez énergiquement à la spatule.

5 Faites légèrement tiédir le miel et incorporez-le en mélangeant de nouveau.

6 Beurrez des petits moules rectangulaires et versez la préparation à mi-hauteur. Faites cuire dans le four à 210 °C (th. 7) pendant 10 minutes environ.

ır, le rouge à lèvres rose nacré de maman, je t'ai vu t'as pas pu me v
cologne… l'eau de Cologne, la confiture de lait à la cuillère dans no
ane perchée, sucer un glaçon, « Trois jeunes tambours » chanté à t
dans la voiture, vanille fraise, la Tour Eiffel par les escaliers, Zorro m
mier vélo, les bons points, la balle au prisonnier, le lait à la ferme, pau
t chat malade, Aïe Pépito, les baignades dans la cascade, Titite et s
ts, le cadeau de la petite souris sous l'oreiller, les cours de piano, m
uisement de gitane pour la kermesse de l'école, les oreilles percées
ne violette qui sent si bon, Pierre et le loup, le pot de Nutella caché en ha
placard, encore une histoire…, dessiner sur les vitres avec les gout
u, Piccolo saxo, la sieste sous le citronnier, jouer à la marelle sur le tr
le cadeau Bonux, l'angoisse du dimanche soir, cueillir les coucous,
jour à la dame, l'odeur après l'orage, les barbes à papa à la fête forai
e à la paille en faisant du bruit, pic et pic et colégramme, la poupée Ni
élo jusqu'au bout de la rue, la chair de poule, regarder la pluie tomber
doux à la confiture de madame Nigen, les petites anglaises, 1 2 3 sol
s qu'est-ce que tu racontes de beau ?, l'antésite, mon chapeau de f
à la lampe de poche sous la couverture, les raviolis du mercredi, le n
sé contre la vitre, guetter l'arc-en ciel, le chat Sigmund dans la chai
ue, l'oiseau tombé du nid, grignoter les petits beurres en commença
les coins, les parties de rami, la casquette smurf de Pif gadget, la ju
ue en velours, sauter par-dessus les flaques d'eau, les hirondelles, jou
e aux trésors dans la cour de mamie, la maison de paille, les yaourts fa
son, les cerises en boucles d'oreilles, souvenirs d'enfance, les crêpes
rre salé sur la plage de Port Manech, le ballon rouge, les vacances en 2
tiens par la barbichette, l'odeur de la craie, goûter la neige, se réveiller
in de Noël, je t'aime un peu beaucoup…, Titounette ma belette,
caril à la framboise, les bisous papillons, pique-niquer au bord de l'ea
guilis sous les pieds, apprendre à nager à la piscine d'Amboise, Isidore
nentine, mon anniversaire mon jour, les soirées croque-monsieur,
ge à lèvres rose nacré de maman, je t'ai vu t'as pas pu me voir, l'osc
e… l'eau de Cologne, la confiture de lait à la cuillère dans notre caba

un dimanche en famille

îles flottantes de mamie Cécile

pour 6 **personnes** – préparation, **40 minutes** – cuisson, **20 minutes**

pour les blancs en neige
6 blancs d'œufs
120 g de sucre en poudre
1 sachet de sucre vanillé
20 g de beurre

pour la sauce à la vanille
1 gousse de vanille
30 cl de lait
60 g de sucre en poudre
3 jaunes d'œufs

pour la finition
nougatine concassée ou pralin (facultatif)

matériel
6 petits moules ou ramequins

blancs en neige

1 Versez les blancs d'œufs dans un grand saladier et fouettez-les en neige en incorporant 100 g de sucre en poudre et le sucre vanillé progressivement. Garnissez des petits moules préalablement beurrés et sucrés de blancs en neige et posez-les dans un bain-marie. Faites cuire dans le four à 150 °C (th. 4-5) pendant 20 minutes.

2 Sortez les moules du bain-marie et laissez-les refroidir à température ambiante avant de les réserver au réfrigérateur.

sauce à la vanille

3 Faites bouillir le lait et mettez à infuser la gousse de vanille fendue en deux dans le sens de la longueur.

4 Dans un saladier, mélangez le sucre en poudre et les jaunes d'œufs à l'aide d'un fouet. Versez dessus le lait bouillant, puis transvasez l'ensemble dans la casserole.

5 Faites cuire ce mélange sur feu doux jusqu'à ce que la sauce devienne épaisse. Une fois qu'elle est onctueuse, versez-la dans un saladier et faites-la refroidir immédiatement en plaçant le récipient sur un lit de glaçons.

6 Passez la sauce au chinois fin et réservez au réfrigérateur. Pour servir, démoulez les œufs à la neige dans un plat assez large et versez autour la sauce à la vanille. Parsemez le dessus de nougatine concassée ou de pralin.

Notre conseil : Vous pouvez verser en plus sur les îles flottantes un peu de caramel liquide acheté tout prêt.

Voici le dessert du pâtissier par excellence, une spécialité incontournable que l'on trouve dans toutes les vitrines. Gonflé de crème, masqué de son irrésistible fondant satiné, l'éclair est promesse de délice... Celui que l'on fait soi-même, s'il n'est pas aussi régulier et brillant que celui réalisé par un professionnel, a le charme du " fait maison ". Pour plus de facilité, vous pouvez d'ailleurs remplacer le fondant au chocolat par du chocolat fondu ou du nappage au chocolat. Dans nos villes, l'éclair semble dangereusement s'amincir. N'hésitez pas à lui donner des proportions généreuses en choisissant une douille assez large, comme le font nos pâtissiers de campagne !

éclairs au chocolat

pour 10 **éclairs** – préparation, **1 heure** – cuisson, **25 minutes**

100 g de farine
100 g de beurre fondu
3 œufs + 1 œuf (pour la dorure)
10 cl de lait
10 cl d'eau
1 pincée de sucre
2 pincées de sel

pour la crème pâtissière au chocolat
200 g de chocolat noir
20 g de cacao en poudre
20 g de Maïzena
110 g de sucre en poudre
4 jaunes d'œufs
60 cl de lait

pour la finition
200 g de fondant au chocolat (chez votre pâtissier)

1 Versez l'eau, le lait et 1 pincée de sel dans une casserole. Ajoutez le beurre fondu et portez à ébullition.

2 Tamisez la farine et incorporez-la, hors du feu, en mélangeant bien avec une spatule en bois. Mélangez énergiquement jusqu'à à ce que la pâte soit bien desséchée.

3 Mettez cette pâte dans un saladier et ajoutez les 3 œufs un à un en continuant de remuer.

4 Versez cette pâte dans une poche à pâtisserie munie d'une douille unie et formez des éclairs de 12 cm de long sur une plaque à pâtisserie.

5 Mélangez l'œuf (pour la dorure) avec 1 pincée de sel et de sucre et lustrez délicatement la pâte avec un pinceau. Faites cuire dans le four à 180 °C (th. 5-6) pendant 25 minutes environ.

crème pâtissière au chocolat

6 Mélangez énergiquement le sucre en poudre et les jaunes d'œufs dans un saladier. Incorporez la Maïzena et le cacao en poudre et versez dessus le lait bouillant.

7 Versez le tout dans une casserole et portez à ébullition en remuant énergiquement.

8 Hors du feu, ajoutez le chocolat coupé en carrés et remuez à l'aide d'un fouet jusqu'à l'obtention d'une crème bien lisse. Laissez refroidir et versez cette crème dans une poche à pâtisserie munie d'une douille unie et garnissez les éclairs par le dessous.

9 Couvrez le dessus des éclairs avec le fondant au chocolat.

tuiles aux amandes et à l'orange de Madeleine

pour 15 **tuiles** – préparation, **25 minutes** – cuisson, **12 minutes**

125 g d'amandes effilées
le zeste râpé d'une orange
15 g de farine

125 g de sucre en poudre
1 sachet de sucre vanillé
25 g de beurre fondu
2 blancs d'œufs

1 Dans un saladier, versez le sucre en poudre, le sucre vanillé, la farine et le zeste d'orange. Mélangez le tout et ajoutez délicatement les amandes effilées.

2 Versez les blancs d'œufs dans un autre saladier et fouettez-les juste un peu. Versez dessus le mélange précédent et incorporez le beurre fondu tiède. Mélangez délicatement avec une spatule et réservez au réfrigérateur.

3 Beurrez une plaque à pâtisserie et formez des petits tas suffisamment espacés pour que la pâte puisse s'étaler à la cuisson. Étalez la pâte à l'aide d'une fourchette préalablement trempée dans de l'eau froide. Faites cuire dans le four à 160 °C (th. 4-5) pendant 12 minutes environ.

4 Sortez la plaque du four et décollez immédiatement les tuiles à l'aide d'une lame fine de couteau. Posez-les sur un rouleau à pâtisserie pour leur donner leur forme.

Notre conseil : Conservez les tuiles dans une boîte hermétique dans un endroit frais et sec.

Tout l'art du vacherin est dans son façonnage : il est préférable de sortir la glace à la vanille et le sorbet à la framboise un quart d'heure avant l'emploi de façon à pouvoir les travailler plus facilement et obtenir une forme régulière. Le vacherin lui-même doit être **tempéré** hors du congélateur 10 minutes avant la dégustation, sans quoi il serait trop froid et l'on percevrait moins les saveurs framboisée et vanillée. Habillé de chantilly et coiffé de meringue, **le vacherin joue sur la gamme du blanc**, sur laquelle tranche ici le rouge framboise. Mais on peut aussi l'imaginer en vert pistache et le décorer de fleurs ou de perles de sucre multicolores.

vacherin glacé vanille et framboise

pour 8 **personnes** – préparation, **50 minutes** – cuisson, **1 heure**

1/2 litre de sorbet à la framboise
1/2 litre de glace à la vanille
20 cl de crème liquide 35 % MG
1 sachet de sucre vanillé
fraises et framboises (pour le décor)

pour la meringue blanche
120 g de sucre en poudre
120 g de sucre glace
4 blancs d'œufs

meringue blanche

1 Fouettez les blancs d'œufs en neige avec 20 g de sucre en poudre. Versez le reste du sucre en poudre lorsqu'ils sont bien fermes. Tamisez le sucre glace et incorporez-le à l'aide d'une spatule.

2 Remplissez une poche à pâtisserie munie d'une douille unie et dressez des meringues de la grosseur d'un gros pousse sur une plaque à pâtisserie recouverte de papier sulfurisé.

3 Faites cuire les meringues dans le four à 130 °C (th. 3-4) pendant 1 heure environ. Éteignez le four et laissez refroidir, porte légèrement entrouverte.

4 Sur un plat de service, posez quelques meringues. Superposez dessus la glace à la vanille et le sorbet à la framboise légèrement ramollis.

5 Versez la crème liquide bien froide dans un saladier et fouettez-la jusqu'à ce qu'elle devienne ferme. Ajoutez le sucre vanillé et versez-la dans une poche à pâtisserie munie d'une douille cannelée.

6 Collez des meringues autour du vacherin avec cette crème et décorez le dessus à votre idée, par exemple en disposant quelques fruits rouges sur le dessus.
Réservez au congélateur.

Vanille chantilly du vacherin ou crème vanille de l'éclair, ces apprêts d'un blanc virginal sont complices du dimanche. Saveur de l'enfance, la **vanille** accompagne bien elle aussi la douceur de ces journées chômées. Star de l'éclair, elle pigmente la crème de points noirs qui signent une fabrication « maison ». **Envie de fantaisie ?** Associez-la au parfum tentateur du puissant Grand-Marnier, qui aromatisera la crème sans la colorer. Gardez le fondant restant dans un emballage hermétique : vous pourrez le réutiliser dans différentes recettes (pour enrober des cerises à l'eau-de-vie par exemple) et, selon les usages, le colorer avec du **chocolat** ou du **café**.

éclairs à la vanille

pour 10 **éclairs** – préparation, **1 heure** – cuisson, **25 minutes**

100 g de farine
100 g de beurre fondu
3 œufs + 1 œuf (pour la dorure)
10 cl de lait
10 cl d'eau
1 pincée de sucre
2 pincées de sel

pour la crème pâtissière à la vanille
1 gousse de vanille
60 g de Maïzena
110 g de sucre en poudre
4 jaunes d'œufs
60 cl de lait

pour la finition
200 g de fondant blanc (chez votre pâtissier)

1 Versez l'eau, le lait et 1 pincée de sel dans une casserole. Ajoutez le beurre fondu et portez à ébullition.

2 Tamisez la farine et incorporez-la, hors du feu, en mélangeant bien avec une spatule en bois. Mélangez énergiquement jusqu'à ce que la pâte soit bien desséchée.

3 Mettez cette pâte dans un saladier et ajoutez les 3 œufs un à un en continuant de remuer.

4 Versez cette pâte dans une poche à pâtisserie munie d'une douille unie et formez des éclairs de 12 cm de long sur une plaque à pâtisserie.

5 Mélangez l'œuf (pour la dorure) avec 1 pincée de sel et de sucre et lustrez délicatement les éclairs avec un pinceau. Faites cuire 25 minutes dans le four à 180 °C (th. 5-6).

crème pâtissière à la vanille

6 Mélangez énergiquement le sucre en poudre et les jaunes d'œufs dans un saladier. Incorporez la Maïzena.

7 Versez le lait dans une casserole et ajoutez-y la gousse de vanille fendue en deux dans le sens de la longueur. Portez à ébullition et retirez du feu. Couvrez, puis laissez infuser 10 minutes, avant de verser sur le mélange précédent.

8 Versez le tout dans une casserole et portez à ébullition en remuant énergiquement. Laissez refroidir et versez cette crème dans une poche munie d'une douille unie et garnissez les éclairs par le dessous.

9 Lustrez le dessus des éclairs avec le fondant blanc légèrement tiédi.

petites meringues à la chantilly

pour 6 **personnes** – préparation, **30 minutes** – cuisson, **1 heure**

4 blancs d'œufs
150 g de sucre en poudre
150 g de sucre glace
25 cl de crème liquide
2 sachets de sucre vanillé
beurre pour la plaque à pâtisserie

1 Montez les blancs d'œufs en neige avec le sucre en poudre. Une fois que les blancs sont bien fermes, ajoutez le sucre glace en mélangeant à l'aide d'une spatule.

2 Beurrez une plaque à pâtisserie et posez dessus, à l'aide d'une cuillère à soupe, 12 petits tas de meringue en les espaçant suffisamment. Faites cuire dans le four à 130 °C (th. 3) pendant 1 heure environ. Éteignez le four et laissez refroidir les meringues à l'intérieur.

3 Versez la crème liquide dans un saladier et fouettez-la afin d'obtenir une chantilly. Ajoutez le sucre vanillé à la fin. Versez cette crème dans une poche à pâtisserie munie d'une douille unie et collez les coques de meringue deux par deux. Réservez au réfrigérateur.

Notre conseil : Pour ne pas avoir la sensation que les meringues sont trop sucrées, il est préférable d'arrêter la cuisson lorsqu'elles sont un peu dorées. Le sucre devient alors caramel et la sensation de sucré disparaît.

orangettes au chocolat

pour 8 **personnes** – préparation, **1 heure** – réfrigération, **30 minutes**

–

–

–

250 g de chocolat noir
200 g de lamelles d'oranges confites
50 g de noisettes
20 g d'amandes en poudre
10 g de sucre glace

–

1 Versez les noisettes sur une plaque à pâtisserie et faites-les griller dans le four à 170 °C (th. 5) pendant 12 minutes environ. Sortez la plaque du four et laissez les noisettes refroidir. Concassez-les et réservez-les.

2 Mélangez les amandes en poudre et le sucre glace et saupoudrez de ce mélange les lamelles d'oranges préalablement séchées dans un linge. Enlevez l'excédent de poudre et réservez.

3 Coupez le chocolat en petits morceaux et faites-le fondre au bain-marie ou au four à micro-ondes.

4 Enrobez les lamelles d'oranges une après l'autre en les trempant dans le chocolat fondu et déposez-les sur du papier sulfurisé. Parsemez-les de noisettes concassées et trempez-les une deuxième fois dans le chocolat.

5 Réservez les orangettes sur le papier sulfurisé et laissez-les durcir au réfrigérateur.

Notre conseil : Si les lamelles d'oranges sont très humides, faites-les sécher une nuit sur une grille à pâtisserie avant de les utiliser.

tarte rustique aux poires

pour 8 **personnes** – préparation, **1 heure** – cuisson, **35 minutes** – repos, **2 heures minimum**

4 grosses poires williams au sirop

pour la pâte brisée sucrée
220 g de farine
20 g de sucre glace
100 g de beurre
1 œuf
1 cuil. à soupe d'eau froide
1 pincée de sel

pour la crème d'amandes
50 g d'amandes en poudre
1 cuil. à café de rhum brun
1 cuil. à café de Maïzena
50 g de sucre en poudre
50 g de beurre
1 œuf entier

pour la finition
50 g de confiture d'abricots
15 g d'amandes effilées grillées

matériel
moule à tarte de 22 cm de diamètre

pâte brisée

1 Mélangez la farine, le beurre, le sel, le sucre glace et ajoutez à la fin l'œuf et l'eau. Formez une boule et réservez 2 heures au réfrigérateur.

2 Étalez la pâte à l'aide d'un rouleau à pâtisserie et garnissez un moule à tarte de 22 cm de diamètre.

crème d'amandes

3 Faites ramollir le beurre et ajoutez le sucre en poudre. Ajoutez et mélangez les autres ingrédients. Fouettez énergiquement ce mélange pour le rendre souple et homogène.

4 Déposez à l'aide d'une poche à pâtisserie munie d'une douille la crème d'amandes dans le fond de tarte et posez dessus les poires coupées en petits quartiers. Faites cuire dans le four à 170 °C (th.5) pendant 35 minutes environ et laissez refroidir sur une grille à pâtisserie.

5 Lustrez légèrement avec la confiture d'abricots tiède. Parsemez le dessus d'amandes effilées grillées.

Notre conseil : Vous pouvez remplacer les poires par des pommes, des pêches ou des abricots.

Pâte sablée et fraise fraîche : **le plus beau des duos !** À condition que les deux éléments soient irréprochables. Pour que les fraises conservent toute leur saveur et restent belles, **lavez-les en les plongeant dans de l'eau froide** et retirez-les immédiatement. Faites-les sécher sur un papier absorbant ou sur un torchon, puis ôtez les queues avant d'en garnir la pâte. Celle-ci doit être travaillée **du bout des doigts** pour garder son sablé caractéristique. À la cuisson, **elle fusionne avec la crème d'amandes**, offrant une belle unité de goût. Attendez qu'elle soit bien refroidie avant de coucher les fraises sur ce lit royal, digne du plus beau des dimanches.

tartelettes sablées aux fraises

pour 8 **personnes** – préparation, **40 minutes** – repos, **1 heure 15 minutes** – cuisson, **25 minutes**

500 g de fraises bien mûres

pour la pâte sablée
25 g d'amandes en poudre
200 g de farine
75 g de sucre glace
1 sachet de sucre vanillé
120 g de beurre
1 œuf
1 pincée de sel

pour la crème d'amande
50 g d'amandes en poudre
50 g de sucre glace
50 g de beurre ramolli
1 œuf

pour la finition
30 g de confiture de fraises

matériel
moule à tarte de 20 cm de diamètre

pâte sablée

1 Coupez le beurre en petits dés de 1 cm environ. Réservez dans un grand saladier et laissez-les ramollir 15 minutes environ à température ambiante.

2 Ajoutez le sel, le sucre glace, le sucre vanillé, puis mélangez jusqu'à l'obtention d'un mélange lisse.

3 Incorporez les amandes en poudre, 2 cuillerées à soupe de farine, l'œuf et mélangez de nouveau.

4 Versez le reste de la farine et mélangez du bout des doigts, puis formez une boule. Réservez au réfrigérateur 1 heure minimum. Sortez la pâte et étalez-la en forme de disque à l'aide d'un rouleau à pâtisserie. Beurrez un moule à tarte de 20 cm de diamètre, garnissez-le avec la pâte et réservez au réfrigérateur.

crème d'amande

5 Versez dans un saladier le beurre ramolli, le sucre glace, les amandes en poudre et l'œuf. Mélangez énergiquement et versez dans le fond de pâte sablée. Répartissez la crème uniformément et faites cuire dans le four à 180 °C (th. 5-6) pendant 25 minutes environ. Sortez le moule du four et laissez refroidir.

6 Lavez, équeutez et coupez les fraises en deux. Rangez-les sur la tarte et lustrez-les avec la confiture de fraises.

Fille de la campagne ou élégante citadine, **la tarte aux pommes reste un classique indémodable.** Si elle goûte toujours aussi bon la tradition, la tarte fine aux pommes a quelque chose de nouveau. Pomme et pâte : jusque là, rien n'a changé. Mais une présentation différente peut transformer complètement les goûts. Abaissée sur une fine épaisseur, la pâte devient au four délicieusement **croustillante,** tandis que les pommes nappées de beurre fondu et saupoudrées de sucre **caramélisent** à la perfection. Encore plus croustillant ? Piquez l'abaisse feuilletée pour l'empêcher de gonfler, et garnissez à la minute de compote et de pommes poêlées.

tarte fine aux pommes

pour 6 **personnes** – préparation, **1 heure** – cuisson, **20 à 25 minutes**

200 g de pâte feuilletée
5 pommes golden
2 cuil. à soupe de compote de pommes
60 g de sucre en poudre
60 g de beurre fondu

1 Étalez la pâte feuilletée à l'aide d'un rouleau à pâtisserie sur une épaisseur de 3 mm. Posez cette pâte sur une plaque à pâtisserie et réservez-la au réfrigérateur.

2 Pelez les pommes et retirez le centre à l'aide d'un vide-pomme. Ôtez les extrémités et coupez-les en rondelles de 2 mm d'épaisseur.

3 Sortez la pâte du réfrigérateur et posez une assiette de 22 cm de diamètre sur le dessus. Découpez un disque à l'aide d'un couteau en suivant le bord de l'assiette et retirez celle-ci.

4 Étalez la compote de pommes sur la pâte à l'aide du dos d'une cuillère et rangez les rondelles de pommes le plus régulièrement possible en formant une rosace.

5 Badigeonnez le dessus des pommes avec le beurre fondu et saupoudrez de sucre en poudre. Faites cuire la tarte dans le four à 190 °C (th. 5-6) pendant 20 à 25 minutes. Sortez la tarte du four et dégustez aussitôt.

Les dimanches chocolat laissent une ineffable sensation gourmande. Dans la tarte au chocolat, la pâte s'éclipse devant cet hôte de marque, celui sans qui l'enfance n'aurait pas le même goût, **le complice** indissociable des goûters et repas de fête, qui nous tient tous sous sa dépendance gourmande : le chocolat ! On comprend donc que son choix est très important. Utilisez de préférence **un chocolat à 70 % de cacao** avec des arômes francs en bouche et une petite pointe d'acidité. La force de ce chocolat peut être tempérée par la présence douce et rafraîchissante d'une **glace à la pistache** ou aux noix (« faites maison »).

tarte crémeuse au chocolat

pour 8 **personnes** – préparation, **1 heure** – cuisson, **20 minutes** – repos, **1 heure**

pour la pâte sucrée

250 g de farine
110 g de sucre glace
110 g de beurre
5 jaunes d'œufs
1 pincée de sel

pour la crème au chocolat

150 g de chocolat noir
10 cl de crème liquide
20 cl de lait
50 g de sucre en poudre
3 jaunes d'œufs

matériel

moule à tarte de 20 cm de diamètre

pâte sucrée

1 Faites ramollir le beurre et battez-le à l'aide d'une fourchette jusqu'à ce qu'il ait la consistance d'une pommade. Ajoutez le sucre glace et le sel, mélangez.

2 Ajoutez les jaunes d'œufs et la farine. Mélangez rapidement et réservez au réfrigérateur 1 heure minimum.

3 Étendez cette pâte sur 3 mm d'épaisseur et garnissez un moule à tarte de 20 cm de diamètre. Faites cuire le fond de tarte dans le four à 170 °C (th. 4-5) pendant 20 minutes environ. Sortez-le du four lorsqu'il est bien doré. Réservez.

crème au chocolat noir

4 Versez le lait et la crème liquide dans une casserole et portez à ébullition.

5 Mélangez les jaunes d'œufs et le sucre en poudre, puis versez dessus le liquide bouillant. Remuez énergiquement et faites cuire sur le feu 2 minutes sans refaire bouillir.

6 Versez cette sauce sur le chocolat coupé en petits morceaux et remuez sans fouetter. Passez au chinois et versez dans le fond de tarte. Faire refroidir la tarte hors du réfrigérateur avant de la déguster.

crème brûlée à la vanille

pour 8 **personnes** – préparation, **15 minutes** – repos, **30 minutes** – réfrigération, **2 à 3 heures** – cuisson, **30 minutes**

2 gousses de vanille
100 g de sucre cassonade
150 g de sucre en poudre
8 jaunes d'œufs
75 cl de crème liquide
25 cl de lait

matériel
8 petits ramequins en porcelaine de 8 à 10 cm de diamètre

1 Versez le lait dans une casserole et ajoutez les gousses de vanille fendues en deux dans le sens de la longueur. Portez à ébullition et retirez du feu. Couvrez et laissez infuser jusqu'à complet refroidissement.

2 Dans un saladier, mélangez les jaunes d'œufs avec le sucre en poudre et ajoutez le lait vanillé et la crème liquide. Mélangez et passez au chinois. Laissez reposer 30 minutes et retirez l'écume avec une cuillère.

3 Versez cette crème dans des petits ramequins individuels en porcelaine et faites cuire dans le four à 100 °C (th. 3-4) pendant 30 minutes environ. Lorsque la crème est prise mais encore tremblotante, retirez les ramequins du four et faites refroidir avant de les réserver au réfrigérateur 2 à 3 heures.

4 Sortez les crèmes du réfrigérateur et saupoudrez-les de sucre cassonade. Passez les plats sous le gril du four pour faire caraméliser le sucre. Servez aussitôt.

Notre conseil : Vous pouvez remplacer la vanille par 50 g de grains de café écrasés pour obtenir de délicieuses crèmes brûlées au café. Saupoudrez-les alors de sucre cassonade mélangé avec un peu de café soluble.

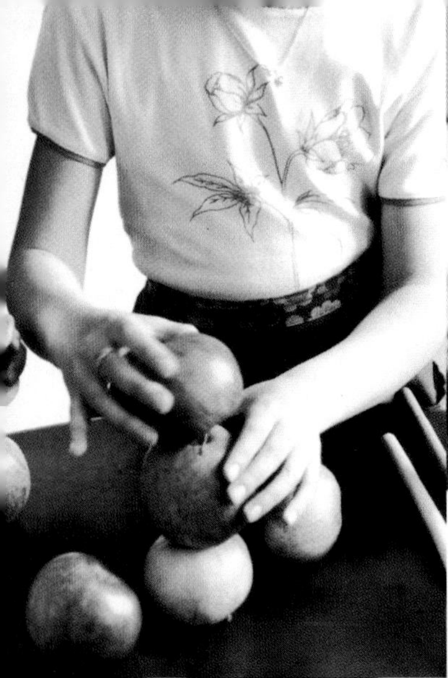

choux caramélisés à la crème

pour 12 **gros choux** – préparation, **1 heure 15** – cuisson, **25 minutes**

pour la pâte à choux
100 g de farine
100 g de beurre fondu
3 œufs + 1 œuf (pour la dorure)
10 cl de lait
10 cl d'eau
1 pincée de sucre
2 pincées de sel

pour la crème pâtissière
1 gousse de vanille
50 g de Maïzena
100 g de sucre en poudre
4 jaunes d'œufs
50 cl de lait

pour le caramel
200 g de sucre en poudre
10 cl d'eau

pâte à choux

1 Versez l'eau, le lait et 1 pincée de sel dans une casserole. Ajoutez le beurre fondu et portez à ébullition.

2 Tamisez la farine et incorporez-la au mélange précédent à l'aide d'une spatule en bois, hors du feu. Mélangez énergiquement jusqu'à ce que la pâte soit bien desséchée. Transvasez cette pâte dans un saladier et incorporez les 3 œufs un à un, en continuant de remuer.

3 Versez cette pâte dans une poche munie d'une douille lisse et formez des petits choux sur une plaque à pâtisserie.

4 Mélangez l'œuf (pour la dorure) avec 1 pincée de sel et de sucre et lustrez délicatement les choux avec un pinceau. Faites cuire 25 minutes dans le four à 180 °C (th. 5-6).

crème pâtissière

5 Mélangez énergiquement le sucre en poudre et les jaunes d'œufs dans un saladier. Incorporez la Maïzena.

6 Versez le lait dans une casserole et ajoutez-y la gousse de vanille fendue en deux dans le sens de la longueur. Portez à ébullition et retirez du feu. Couvrez, puis laissez infuser 10 minutes avant de verser sur le mélange précédent.

7 Versez le tout dans une casserole et portez à ébullition en remuant énergiquement. Versez dans un plat et recouvrez de film alimentaire. Laissez refroidir. Versez cette crème dans une poche munie d'une douille unie et garnissez les choux par le dessous.

caramel

8 Versez le sucre en poudre et l'eau dans une casserole et faites cuire sur le feu jusqu'à l'obtention d'une couleur brun clair. Retirez la casserole du feu et trempez le dessus des choux dans ce caramel. Réservez sur le plat de service.

Notre conseil : Lorsque vous trempez les choux dans le caramel, préparez toujours un bac d'eau froide à proximité au cas où vous vous brûleriez les doigts.

savarin aux fruits

pour 8 personnes – préparation, **1 heure 15 minutes** – repos, **40 minutes environ** – cuisson, **25 minutes**

pour la pâte à savarin
6 g de levure de boulanger
200 g de farine
20 g de sucre en poudre
60 g de beurre fondu
3 petits oeufs
8 cl de lait
2 pincées de sel

pour le sirop à savarin
le zeste râpé d'un citron
le zeste râpé d'une orange
1/2 gousse de vanille
4 cuil. à soupe de kirsch
250 g de sucre en poudre
50 cl d'eau

pour la crème Chantilly
20 cl de crème liquide
1 sachet de sucre vanillé

pour la finition
fruits frais de saison

matériel
moule à savarin de 20 cm de diamètre

savarin

1 Dans un saladier, versez la farine et faites un puits au centre. Cassez les œufs et ajoutez le lait, le sel, le sucre en poudre et la levure de boulanger. Mélangez énergiquement cette pâte jusqu'à ce qu'elle se décolle du bout des doigts. Ajoutez le beurre fondu mais froid et mélangez encore pendant 5 minutes.

2 Beurrez un moule à savarin et versez-y la pâte. Mettez à lever dans un endroit tiède et lorsque la pâte a doublé de volume, faites cuire 25 minutes dans le four à 200 °C (th. 6). Sortez le savarin du four et réservez sur une grille.

sirop à savarin

3 Versez l'eau, le sucre en poudre, la gousse de vanille et les zestes d'agrumes dans une casserole et portez à ébullition. Retirez la casserole du feu et laissez refroidir à 50 °C environ (jusqu'à ce que le sirop soit encore chaud mais plus brûlant). Ajoutez le kirsch et arrosez le savarin de ce sirop. Lorsque le savarin est bien imbibé, posez-le sur un plat et réservez au réfrigérateur.

crème Chantilly

4 Versez la crème liquide dans un saladier et fouettez-la pour obtenir une chantilly. Ajoutez le sucre vanillé juste avant la fin. Versez la crème dans une poche munie d'une douille et décorez le centre du savarin. Ajoutez des fruits frais de saison.

Notre conseil : Le savarin peut être préparé la veille et trempé seulement le lendemain. La crème Chantilly, par contre, doit être préparée au dernier moment.

blanc-manger au coulis de framboises

pour 8 **personnes** – préparation, **30 minutes** – réfrigération, **2 heures minimum**

150 g d'amandes blanches
2 cuil. à soupe de sirop d'amande
4 feuilles de gélatine
100 g de sucre en poudre
20 cl de crème liquide
50 cl de lait

pour le coulis de framboises
200 g de framboises
1/2 jus de citron
20 g de sucre glace

pour la finition
8 feuilles de menthe

1 Versez le lait dans une casserole et ajoutez les amandes blanches. Portez à ébullition et laissez infuser à couvert hors du feu pendant 10 minutes.

2 Versez cette préparation encore tiède dans le bol d'un mixeur. Ajoutez le sucre en poudre, le sirop d'amande et mixez le tout le plus finement possible. Réservez dans un saladier.

3 Réhydratez la gélatine et faites-la fondre au bain-marie, puis incorporez-la au mélange précédent.

4 Fouettez la crème liquide pour obtenir une crème Chantilly et incorporez-la également au mélange précédent.

5 Versez le blanc-manger dans de jolis petits verres et réservez au réfrigérateur pendant 2 heures minimum.

coulis de framboises

6 Lavez et mixez les framboises avec le sucre glace et le jus de citron et passez le tout au chinois fin. Versez ce coulis sur le dessus des verres de blanc-manger, que vous décorerez d'une feuille de menthe.

Notre conseil : Pour obtenir un mélange lisse et onctueux, il est recommandé d'incorporer la crème fouettée lorsque la préparation initiale [après l'ajout de la gélatine] est à 20 °C environ.

San Francisco

o, mon déguisement de gitane pour la kermesse de l'école, les oreill
ées, la dame violette qui sent si bon, Pierre et le loup, le pot de Nute
é en haut du placard, encore une histoire..., dessiner sur les vitres av
gouttes d'eau, Piccolo saxo, la sieste sous le citronnier, jouer à la mare
e trottoir, le cadeau Bonux, l'angoisse du dimanche soir, cueillir les co
, dis bonjour à la dame, l'odeur après l'orage, les barbes à papa à la fê
ne, boire à la paille en faisant du bruit, pic et pic et colégramme, la po
Nina, le vélo jusqu'au bout de la rue, la chair de poule, regarder la plu
per, le pain doux à la confiture de madame Nigon, les petites anglaise
3 soleil, alors qu'est-ce que tu racontes de beau ?, l'antésite, mon ch
de fée, lire à la lampe de poche sous la couverture, les raviolis du m
i, le nez écrasé contre la vitre, guetter l'arc-en ciel, le chat Sigmund da
aise longue, l'oiseau tombé du nid, grignoter les petits beurres en co
çant par les coins, les parties de rami, la casquette smurf de Pif gadg
pe longue en velours, sauter par-dessus les flaques d'eau, les hirond
jouer à l'île aux trésors dans la cour de mamie, la maison de paille, l
urts faits maison, les cerises en boucles d'oreilles, souvenirs d'enfan
crêpes au beurre salé sur la plage de Port Manech, le ballon rouge, l
nces en 2CV, je te tiens par la barbichette, l'odeur de la craie, goûter
e, se réveiller le matin de Noël, je t'aime un peu beaucoup..., Titoune
pelotte, le Fluocaril à la framboise, les bisous papillons, pique-niquer
de l'eau, les guilis sous les pieds, apprendre à nager à la pisci
mboise, Isidore et Clémentine, mon anniversaire mon jour, les soiré
ue-monsieur, le rouge à lèvres rose nacré de maman, je t'ai vu t'as p
ne voir, l'oscologne... l'eau de Cologne, la confiture de lait à la cuillè
s notre cabane perchée, sucer un glaçon, « Trois jeunes tambours
nté à tue-tête dans la voiture, vanille fraise, la Tour Eiffel par les escalie
mon premier vélo, les bons points, la balle au prisonnier, le lait à
e, pauvre petit chat malade, Aïe Pépito, les baignades dans la cascad
et ses petits, le cadeau de la petite souris sous l'oreiller, les cours
o, mon déguisement de gitane pour la kermesse de l'école, les oreill

les recettes de grand-mère

pots de crème au chocolat

pour 8 **petits pots** – préparation, **30 minutes** – réfrigération, **2 à 3 heures** – cuisson, **30 à 35 minutes**

40 g de cacao en poudre
1 litre de lait
200 g de sucre en poudre
10 jaunes d'œufs

1 Versez le lait et le cacao dans une casserole à fond épais de préférence et portez à ébullition.

2 Verser les jaunes d'œufs et le sucre en poudre dans un saladier et mélangez sans trop travailler la préparation. Versez un peu de lait chaud sur le mélange et remuez énergiquement. Ajoutez le reste du lait et passez au chinois.

3 Laissez refroidir et réservez cette crème au réfrigérateur pendant 2 ou 3 heures. Écumez si besoin.

4 Répartissez la crème au chocolat dans des petits pots et faites cuire dans le four au bain-marie à 150 °C (th. 4-5) pendant 30 à 35 minutes environ.

5 Retirez du four et laissez refroidir avant de mettre au réfrigérateur.

Notre conseil : Pour un meilleur résultat gustatif [arômes plus intenses] et visuel [couleur uniforme et aspect net], il est préférable de faire le mélange la veille et de mettre une plaque à pâtisserie sur les petits pots pendant la cuisson.

pots de crème à la vanille

pour 8 **petits pots** – préparation, **30 minutes** – cuisson, **30 à 35 minutes**

2 gousses de vanille
200 g de sucre en poudre
8 jaunes d'œufs
20 cl de crème liquide
80 cl de lait

1 Versez le lait et la crème liquide dans une casserole et ajoutez les gousses de vanille fendues en deux dans le sens de la longueur. Portez à ébullition et retirez du feu. Couvrez et laissez infuser 10 minutes.

2 Versez les jaunes d'œufs dans un saladier et ajoutez le sucre en poudre. Mélangez à l'aide d'un fouet et ajoutez progressivement le lait encore tiède. Passez au chinois et versez dans des petits pots.

3 Faites cuire dans le four au bain-marie à 150 °C (th. 4-5) pendant 30 à 35 minutes.

4 Retirez du four et laissez refroidir avant de mettre au réfrigérateur.

Notre conseil : Pour avoir des petits pots de crème vanille sans coloration sur le dessus, il est préférable de mettre une plaque à pâtisserie en guise de couvercle de protection pendant la cuisson.

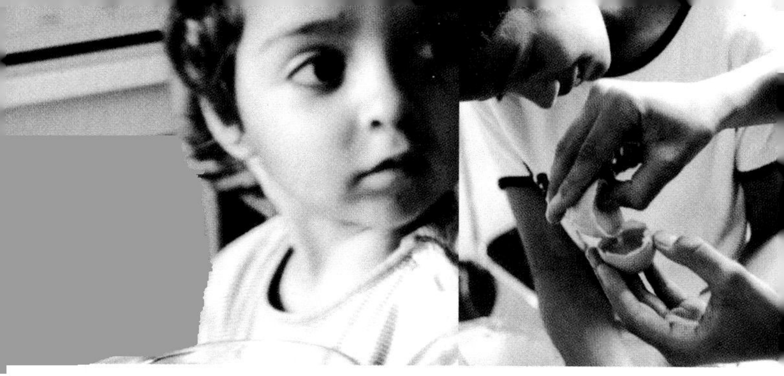

flan aux œufs de grand-mère

pour 8 **personnes** – préparation, **25 minutes** – repos, **30 minutes** - cuisson, **35 minutes**

1 gousse de vanille
200 g de sucre en poudre
7 œufs entiers
1 litre de lait

1 Versez le lait dans une casserole et ajoutez la gousse de vanille fendue en deux dans le sens de la longueur. Portez à ébullition et retirez du feu. Couvrez, puis laissez infuser 30 minutes environ.

2 Cassez les œufs dans un saladier et ajoutez le sucre en poudre. Mélangez énergiquement et versez dessus le lait tiède. Passez au chinois et versez dans un plat à gratin.

3 Faites cuire 35 minutes dans le four à 160 °C (th. 4-5).

Notre conseil : Avant de mettre le flan au four, retirez la mousse en appliquant délicatement une feuille de papier absorbant dessus puis en la retirant : cela vous permettra de vérifier la cuisson plus facilement.

Cette gourmandise qui nous semble si familière est pourtant assez récente puisque le palmier fut probablement créé **à l'occasion de l'Exposition coloniale de 1931**. On lui donna ce nom par analogie avec la feuille du **palmier**. Dans ce format géant, il est encore plus gourmand. Mais on peut aussi l'imaginer en **petit four sec** pour des desserts raffinés (en garniture d'une mousse au citron par exemple). Lorsque l'on utilise une pâte feuilletée du boulanger, ils se façonnent en un tournemain. Leur aspect brillant et caramélisé les rend très attrayants. Pour leur donner un **bel effet glacé**, placez-les 1 à 2 heures au réfrigérateur sur une plaque à pâtisserie avant la cuisson.

palmiers géants

pour 8 **personnes** – préparation, **30 minutes** – repos, **30 minutes** – cuisson, **25 à 30 minutes**

–

–

–

300 g de pâte feuilletée à 4 tours
(chez votre pâtissier ou faite maison)
1 gousse de vanille
100 g de sucre en poudre

–

1 Coupez la gousse de vanille en deux dans le sens de la longueur et grattez avec la pointe d'un couteau la pulpe se trouvant à l'intérieur. Mélangez-la avec le sucre en poudre.

2 Étalez la pâte feuilletée en un rectangle de 30 cm de longueur et 12 cm de largeur et saupoudrez-la du sucre vanillé préparé précédemment. Pliez la pâte en trois et recommencez l'opération une deuxième fois.

3 Mettez cette pâte au réfrigérateur 30 minutes et étalez-la de nouveau pour former un rectangle de 40 cm de longueur sur 8 à 9 cm de largeur. Saupoudrez avec le sucre vanillé restant.

4 Ramenez les deux extrémités de la pâte en son centre en laissant un espace de 1 cm et rabattez les doubles épaisseurs l'une sur l'autre.

5 Coupez à l'aide d'un couteau des tranches de 1 cm d'épaisseur et posez-les sur une plaque à pâtisserie en les espaçant suffisamment pour éviter que les palmiers ne se collent entre eux pendant la cuisson. Faites cuire dans le four à 190 °C (th. 5-6) pendant 25 à 30 minutes.

Le sens pratique et le sens du goût font souvent bon ménage, donnant naissance à des recettes succulentes, du hachis Parmentier au pain perdu. Ces « **croûtes dorées** », ainsi qu'on les appelait jadis, furent imaginées pour utiliser les restes de **pain rassis**. Autre temps, autres mœurs : aujourd'hui la **brioche** remplace souvent le pain sec. Moins dense que ce dernier, elle ne doit pas être imbibée trop longtemps pour rester présentable. Les pains perdus peuvent **se préparer à l'avance** et se réchauffer au four ou au micro-ondes. Vous pouvez les accompagner de marmelade d'abricots, de sauce anglaise parfumée à la vanille ou, plus tendance, de **cerises poêlées**.

pains perdus caramélisés

pour 8 **personnes** – préparation, **1 heure**

8 tranches de brioche ou de pain
2 cuil. à soupe de rhum brun
2 sachets de sucre vanillé
le zeste râpé d'une orange
30 cl de lait
100 g de sucre en poudre
100 g de beurre
3 œufs entiers

1 Coupez le beurre en petits morceaux et versez-le dans un saladier. Posez le récipient dans un bain-marie et laissez sur le feu pendant 30 minutes environ jusqu'à ce que le beurre se décompose. Retirez la partie du dessus et récupérez à l'aide d'une cuillère la partie limpide du beurre.

2 Versez le lait, les œufs, le sucre vanillé, le zeste d'orange, le rhum et la moitié du sucre en poudre dans un saladier et remuez à l'aide d'un fouet. Trempez les deux faces des tranches de brioche dans cette préparation et réservez sur un plat.

3 Versez la moitié du beurre clarifié dans une poêle, puis faites chauffer sur feu doux. Ajoutez 4 tranches de brioche et faites-les colorer sur les deux faces. Saupoudrez de la moitié du sucre en poudre restant et réservez sur un plat. Recommencez l'opération avec les 4 tranches de brioche restantes.

De tout temps, les pâtissiers se sont inspirés de la nature pour imaginer des **formes fantaisistes** qui plaisent tant aux enfants, comme celle du palmier ou des rochers congolais. Ici, on ne recherche pas la régularité, mais au contraire un aspect **brut** et une texture granuleuse. Un peu de compote de pommes et de beurre assurent la liaison de la coco râpée. Succès garanti, si l'on mélange bien la pâte avant de façonner les rochers. Leur préparation et leur cuisson (qui peut se faire la veille) sont vraiment **très rapides**. Leur goût « maison » est incomparable avec celui de leurs petits frères industriels, **bien trop réguliers** et qui nous privent d'une délicieuse odeur caramélisée.

rochers à la noix de coco

pour 8 **personnes** – préparation, **30 minutes** – cuisson, **6 minutes**

160 g de noix de coco râpée
20 g de compote de pommes
100 g de sucre en poudre
20 g de beurre fondu
2 œufs entiers

1 Versez le sucre en poudre et la noix de coco râpée dans un saladier et remuez énergiquement à l'aide d'une spatule en bois. Ajoutez les œufs, le beurre fondu et la compote de pommes et mélangez encore pour obtenir un mélange homogène.

2 Faites chauffer ce mélange au bain-marie ou au four à micro-ondes jusqu'à ce qu'il devienne tiède au toucher.

3 Beurrez une plaque à pâtisserie et déposez dessus des petits tas de pâte de la grosseur d'une noix.

4 Faites cuire dans le four chaud à 230 °C (th. 7-8) pendant 6 minutes environ. Les rochers doivent être d'une belle couleur dorée.

5 Sortez la plaque du four et faites refroidir les rochers sur une grille à pâtisserie.

gâteau roulé à la confiture

pour 8 **personnes** – préparation, **40 minutes** – cuisson, **15 minutes**

6 œufs
100 g de farine
200 g de sucre en poudre
+ 1 cuil. à soupe pour saupoudrer le biscuit
1 sachet de sucre vanillé
150 g de confiture d'abricots

pour la finition
20 g de sucre glace

1 Versez 3 œufs entiers et 3 jaunes d'œufs dans un saladier (en réservant les blancs). Ajoutez les 2/3 du sucre en poudre et le sucre vanillé et mélangez au fouet ou avec un batteur électrique. Le mélange doit devenir onctueux et léger.

2 Versez les 3 blancs d'œufs réservés dans un autre saladier et montez-les en neige avec le reste du sucre en poudre. Incorporez-les au premier mélange.

3 Tamisez la farine et ajoutez-la. Mélangez bien à l'aide d'une spatule et versez cette pâte sur une feuille de papier sulfurisé. Étalez la pâte sur 1 cm et faites cuire dans le four à 200 °C (th. 7) pendant 15 minutes environ.

4 Sortez la plaque du four et parsemez le dessus du biscuit avec 1 cuillerée à soupe de sucre en poudre. Posez un linge propre dessus et laissez refroidir.

5 Décollez le papier sulfurisé du biscuit. Faites chauffer légèrement la confiture et étalez-la sur toute la surface du biscuit. Roulez le biscuit en le serrant au maximum. Posez le biscuit sur un plat et saupoudrez-le de sucre glace.

Notre conseil : Vous pouvez remplacer la confiture d'abricots par une autre confiture, une pâte à tartiner ou simplement de la crème pâtissière parfumée à la vanille.

gâteau de riz au caramel

Pour 8 **personnes** – Préparation, **50 minutes** – Cuisson, **20 minutes**

120 g de riz rond
1 litre de lait
1 gousse de vanille
le zeste râpé d'un citron
180 g de sucre en poudre
3 jaunes d'œufs
10 cl de crème liquide
4 cuil. à soupe d'eau

1 Versez le lait dans une casserole et ajoutez la gousse de vanille fendue en deux dans le sens de la longueur. Portez à ébullition et ajoutez le riz. Faites cuire sur feu doux en remuant régulièrement pendant 35 à 40 minutes. Ajoutez en fin de cuisson 80 g de sucre en poudre et le zeste de citron. Versez dans un saladier.

2 Mélangez les jaunes d'œufs et la crème liquide. Versez ce mélange dans le riz et remuez à l'aide d'une spatule. Réservez.

3 Dans une casserole, versez 100 g de sucre en poudre et ajoutez l'eau. Portez sur le feu et faites cuire jusqu'à l'obtention d'un caramel brun clair. Retirez la casserole du feu et versez ce caramel dans un plat allant au four.

4 Versez la première préparation sur le caramel et faites cuire dans le four à 200 °C (th. 6) pendant 20 minutes. Sortez le plat du four et laissez refroidir.

Notre conseil : Sélectionnez de préférence un riz rond de type Arborrio. Coupez des petits cubes de poires williams et ajoutez-les dans le riz avant de le passer au four. Un vrai régal !

gâteau de semoule de tante Anne

pour 8 **personnes** – préparation, **30 minutes** – cuisson, **35 minutes**

200 g de semoule de blé
120 g d'amandes en poudre
2 oranges
30 g d'amandes effilées
180 g de sucre en poudre
150 g de beurre fondu ou d'huile
5 gros œufs entiers
1 sachet de levure chimique

matériel
moule de 20 cm de diamètre

1 Lavez les oranges et râpez les zestes. Pressez la chaire pour en extraire le jus.

2 Beurrez un moule de 20 cm de diamètre et parsemez tout le fond d'amandes effilées.

3 Cassez les œufs dans un saladier et ajoutez le sucre en poudre. Battez énergiquement à l'aide d'un fouet jusqu'à l'obtention d'un mélange onctueux. Incorporez la semoule de blé mélangée à la levure, les amandes en poudre, les zestes et le jus des oranges et le beurre fondu. Mélangez à l'aide d'une spatule et versez dans le moule. Faites cuire dans le four à 170 °C (th. 5) pendant 35 minutes environ.

Notre conseil : J'adore ce gâteau que faisait une de mes tantes ayant longtemps vécu dans le Maghreb. Choisissez une semoule qui soit la plus fine possible. Une fois le gâteau sorti du four, renversez-le sur une assiette et arrosez-le de sirop fait de 50 g de sucre en poudre, 3 cuillerées à soupe d'eau et 2 cuillerées à soupe d'eau de fleur d'oranger.

pommes au four caramélisées

pour 8 **personnes** – préparation, **15 minutes** – cuisson, **40 minutes**

8 pommes à chair ferme
(boskoop ou granny smith)
20 cl de jus de pomme

2 gousses de vanille
4 bâtons de cannelle
120 g de sucre cassonade
125 g de beurre

1 Lavez les pommes et ôtez le centre à l'aide d'un vide-pomme ou d'un couteau. Beurrez un plat à gratin et saupoudrez-le d'un peu de sucre cassonade. Disposez dessus les pommes et garnissez le centre de chacune avec le beurre restant. Saupoudrez avec le sucre cassonade restant.

2 Coupez les gousses de vanille en deux dans le sens de la longueur et retirez la pulpe. Versez le jus de pomme dans une casserole et ajoutez la pulpe de vanille. Portez à ébullition et passez au chinois. Ajoutez les bâtons de cannelle légèrement concassés et les tiges de vanille.

3 Faites cuire les pommes au four à 180 °C (th. 5-6) pendant 40 minutes environ. Après 10 minutes de cuisson, ajoutez la moitié du jus de pomme. Après 20 minutes, ajoutez le jus restant. En fin de cuisson, les pommes doivent être colorées et fondantes à cœur. Laissez refroidir légèrement avant de servir.

Notre conseil : Le choix des pommes est très important pour la réussite de la recette. Prenez toujours de préférence de grosses pommes et incisez légèrement la peau sur la circonférence avant de les passer au four.

puddings à l'ancienne

pour 10 **personnes** – préparation, **25 minutes** – cuisson, **40 minutes**

200 g de brioche cuite
100 g de cerises confites
100 g de raisins de Smyrne
1 gousse de vanille
220 g de sucre en poudre
4 œufs + 2 jaunes d'œufs
60 cl de lait

pour la finition
20 cl de coulis de framboises

matériel
8 petits ramequins de 6 cm de diamètre environ

1 Coupez la brioche en petits morceaux. Coupez les cerises confites en deux et garnissez des ramequins individuels en intercalant les morceaux de brioche, les cerises et les raisins. Réservez.

2 Versez le lait dans une casserole et ajoutez la gousse de vanille fendue en deux dans le sens de la longueur. Portez à ébullition et réservez hors du feu pour laisser infuser.

3 Dans un saladier, cassez les œufs et ajoutez les jaunes d'œufs. Incorporez le sucre en poudre et mélangez pendant 1 minute. Versez dessus le lait chaud et passez au chinois.

4 Remplissez les moules de ce mélange et faites cuire au four au bain-marie à 150 °C (th. 4-5) pendant 40 minutes environ.

5 Sortez du four et laissez refroidir avant de mettre au réfrigérateur. Démoulez et servez avec un coulis de framboises.

Notre conseil : Lorsque vous versez le lait bouillant sur les œufs et jaunes d'œufs, incorporez d'abord un peu de lait et mélangez bien au fouet avant de verser le reste du lait. Vous éviterez ainsi de faire coaguler les œufs par une chaleur trop brutale.

Un Limousin ne peut concevoir le clafoutis qu'aux **cerises noires,** non dénoyautées (le noyau communiquant un bon goût à la pâte), et c'est ainsi que cette recette s'est inscrite dans la mémoire de beaucoup d'entre nous. Mais notre créativité actuelle laissera probablement chez nos enfants des souvenirs plus diversifiés de **clafoutis aux abricots, aux poires, aux pêches**... Ce que l'on recherche avant tout, c'est **le moelleux de la pâte**. Pour cela, il suffit de la laisser reposer 2 ou 3 heures avant la cuisson. En revanche, ne patientez pas trop après la cuisson. C'est tiède que le clafoutis donne le meilleur de lui-même.

clafoutis aux cerises

pour 8 **personnes** – préparation, **30 minutes** – cuisson, **35 à 40 minutes**

500 g de cerises noires
30 g d'amandes en poudre
2 cuil. à café de kirsch
2 cuil. à soupe de farine
100 g de sucre en poudre
1 sachet de sucre vanillé
3 œufs
40 cl de lait
1 pincée de sel
beurre pour le moule

pour la finition
20 g de sucre glace

matériel
moule de 22 cm de diamètre

1 Dénoyautez les cerises et versez dessus 25 g de sucre en poudre et le kirsch. Laissez macérer 10 minutes environ.

2 Dans un saladier, cassez les œufs et ajoutez 50 g de sucre en poudre et le sucre vanillé. Mélangez à l'aide d'un fouet. Tamisez la farine et ajoutez-la, ainsi que les amandes en poudre, le lait, le sel et mélangez de nouveau.

3 Beurrez un moule de 22 cm de diamètre environ et saupoudrez-le avec les 25 g de sucre en poudre restants. Répartissez les cerises et versez la crème dessus. Faites cuire dans le four à 180 °C (th. 5-6) 35 à 40 minutes.

4 Vérifiez la cuisson et sortez le clafoutis du four. Laissez tiédir et saupoudrez de sucre glace.

fruits au sirop à la verveine

pour 8 **personnes** – préparation, **20 minutes** – cuisson, **30 minutes**

1,2 kg de fruits de saison
1 petite branche de verveine
1 gousse de vanille
1 litre d'eau
400 g de sucre en poudre

1 Lavez les fruits. Épluchez ceux qui ont la peau épaisse.

2 Versez l'eau, le sucre en poudre et la gousse de vanille fendue en deux dans le sens de la longueur dans une casserole et portez à ébullition. Ajoutez la brindille de verveine et les fruits en commençant par les fruits les plus gros.

3 Faites cuire à feu doux pendant environ 25 à 30 minutes.

4 Une fois la cuisson terminée, versez les fruits et le sirop chaud dans un bocal en verre et fermez-le immédiatement. Une fois les fruits et le sirop refroidis, conservez au réfrigérateur.

Notre conseil : La stérilisation est néanmoins la meilleure méthode pour conserver des fruits longtemps hors du réfrigérateur. Une fois les fruits consommés, le sirop restant peut être versé dans la sorbetière pour faire un sorbet très parfumé.

Comme pour le gâteau au yaourt, mélangez, versez dans le moule, glissez au four, **et c'est prêt !** Le gâteau au fromage blanc, c'est l'enfance de l'art ! **Une recette inratable !** Les zestes de citron complètent à merveille la note acidulée des laitages, mascarpone et fromage blanc, mais vous pouvez aussi les associer à des dés de fruits confits **multicolores**. Pour que le gâteau soit facile à découper, il est préférable d'égoutter la veille les faisselles de fromage blanc au réfrigérateur. Pensez aussi à sortir les œufs du réfrigérateur une heure minimum avant l'emploi.

gâteau au fromage blanc de Marina

pour 8 **personnes** – préparation, **30 minutes** – cuisson, **1 heure 5 minutes**

150 g de biscuits sablés
350 g de fromage blanc en faisselle 40 % MG
200 g de fromage mascarpone
le zeste râpé d'un citron
1 sachet de sucre vanillé
25 g de farine
25 g de Maïzena
70 g de sucre en poudre
50 g de beurre
4 œufs entiers

matériel
moule à gâteau de 20 cm de diamètre

1 Mixez les biscuits avec le beurre et étalez cette pâte dans le fond d'un moule de 20 cm de diamètre. Faites cuire dans le four à 170 °C (th. 5) pendant 15 minutes environ.

2 Dans un saladier, versez le fromage blanc et le mascarpone et mélangez à l'aide d'un fouet. Ajoutez le zeste de citron, le sucre en poudre, le sucre vanillé, les œufs, la Maïzena et la farine.

3 Mélangez de nouveau et versez cette préparation dans le moule. Faites cuire dans le four à 160 °C (th. 4-5) pendant 50 minutes environ.

4 Sortez le gâteau du four et laissez-le refroidir complètement sur une grille à pâtisserie. Démoulez et servez bien froid.

Recette très ancienne, dont se délectaient déjà **les dieux d'Homère**, le pain d'épice a laissé chez chacun de nous une empreinte parfumée où dominent l'anis et la cannelle. Nos grands-mères se sont emparées de cette recette qui fut l'apanage des **monastères médiévaux** puis des **marchands ambulants**. De la nonnette aux gimblettes, chaque région en a fait sa spécialité. Dans le Nord, le pain d'épice récompense les enfants sages le jour de la Saint-Nicolas. À Reims, capitale du pain d'épice, on aime y incorporer de la **fleur d'oranger** avec des écorces de citron ou des amandes. Petit secret de grand-mère : **badigeonnez-le de lait sucré** à la sortie du four pour le rendre plus brillant.

pain d'épice citron et orange

pour 8 **personnes** – préparation, **30 minutes** – cuisson, **50 minutes**

325 g de miel liquide
le zeste râpé d'une demi-orange
le zeste râpé d'un demi-citron
1 pincée de gingembre
1 pincée d'anis en poudre
1 pincée de cannelle en poudre
1 pincée de coriandre en poudre
1 clou de girofle
25 g d'amandes en poudre
250 g de farine complète
1/2 sachet de levure chimique
1 cuil. à café rase de bicarbonate de soude
15 cl de lait
1 œuf
1 pincée de sel

matériel
moule à cake de 20 cm de longueur

1 Faites bouillir le miel avec le lait et laissez tiédir.

2 Tamisez ensemble la farine, la levure chimique et le bicarbonate de soude. Ajoutez le mélange lait – miel et mélangez à l'aide d'une spatule.

3 Ajoutez les amandes en poudre et la pincée de sel. Lorsque la pâte est lisse et homogène, incorporez l'œuf, les zestes et les épices.

4 Garnissez aussitôt le moule à mi-hauteur et faites cuire dans le four à 160 °C (th. 4-5) pendant environ 50 minutes. Après la cuisson, et avant qu'il ne refroidisse complètement, enveloppez le pain d'épice dans un film alimentaire pour qu'il reste moelleux.

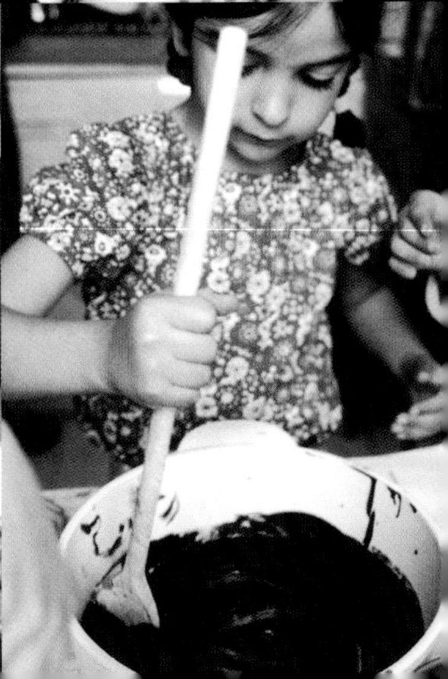

madeleines au miel

pour 20 **madeleines environ** – préparation, **20 minutes** – repos, **1 heure** – cuisson, **12 minutes**

–

–

–

1 cuil. à café de miel
210 g de farine
170 g de sucre en poudre
1 sachet de sucre vanillé
170 g de beurre fondu
3 œufs entiers
1 sachet de levure chimique

–

matériel
moules à madeleines

–

1 Cassez les œufs dans un saladier et ajoutez le sucre en poudre, le sucre vanillé et le miel. Mélangez énergiquement à l'aide d'un fouet.

2 Tamisez la farine et la levure chimique et incorporez-les au mélange précédent.

3 Laissez reposer dans un endroit frais pendant 1 heure, puis ajoutez le beurre fondu. Mélangez pour obtenir une pâte bien lisse.

4 Beurrez et farinez des moules à madeleines, remplissez-les avec la pâte et faites cuire dans le four à 200 °C (th. 7) pendant 12 minutes environ.

Notre conseil : Si vous utilisez un four à air pulsé, éteignez le four après 4 minutes de cuisson environ et remettez-le en marche après 2 minutes. Ceci pour ne pas voir la bosse de la madeleine partir sur un côté. Le temps de cuisson restera sensiblement le même.

tarte au sucre à la crème fraîche

pour 10 **personnes** – préparation, **50 minutes** – repos, **3 heures 45 minimum** – cuisson, **25 minutes**

15 g de levure de boulanger
100 g de crème épaisse
250 g de farine
50 g de sucre en poudre
125 g de beurre
3 œufs + 1 œuf (pour la dorure)
2 cl d'eau
2 pincées de sel

1 Diluez la levure de boulanger avec l'eau légèrement tiédie. Mélangez les 3 œufs avec 25 g de sucre en poudre, puis ajoutez le sel.

2 Versez la farine dans un saladier et ajoutez la levure de boulanger, puis le mélange œufs, sucre et sel. Pétrissez cette pâte pendant environ 10 minutes jusqu'à ce qu'elle ne vous colle plus aux mains.

3 Incorporez en plusieurs fois le beurre légèrement ramolli et continuez à pétrir pendant encore 10 minutes Réservez cette pâte dans un saladier et recouvrez-la d'un linge. Laissez reposer pendant 1 heure à température ambiante.

4 La pâte ayant doublé de volume, aplatissez-la et mettez-la au réfrigérateur 2 à 3 heures minimum.

5 Formez une boule que vous déposerez sur la table légèrement farinée. Étendez la pâte à l'aide d'un rouleau à pâtisserie sur une épaisseur de 5 mm. Posez ce disque sur une plaque à pâtisserie et laissez gonfler 45 minutes dans un endroit chaud (28 °C environ).

6 Badigeonnez la brioche d'œuf battu (pour la dorure) et garnissez de crème épaisse. Saupoudrez des 25 g de sucre en poudre restants et faites cuire dans le four à 170 °C (th. 5) pendant 25 minutes environ.

Notre conseil : Cette fameuse tarte au sucre, qui fait partie du patrimoine local de Dombes, a bercé l'enfance de Philippe Gobet passée dans le Beaujolais tout proche (il n'y avait que la Saône à enjamber !). Le grand chef Georges Blanc, à Vonnas dans l'Ain, la réussit à merveille.

La tarte Tatin est un dessert que Philippe Gobet affectionne particulièrement. La tradition populaire veut qu'elle soit née de l'étourderie de l'une des **sœurs Tatin**, restauratrice à Lamotte Beuvron au début du XXe siècle, qui oublia de mettre la pâte sous les pommes ! Prenant conscience de son erreur, elle recouvrit du mieux qu'elle put les pommes de pâte et remit le tout au four. Le but étant d'obtenir une belle **caramélisation**, arrosez constamment la Tatin du jus formé pendant la cuisson. Ne cédez pas à la tentation d'augmenter la chaleur pour aller plus vite car la coloration intervient seulement en fin de cuisson.

tarte Tatin

pour 8 personnes – préparation, **20 minutes** – cuisson, **1 heure 30 minutes**

300 g de pâte feuilletée
1,6 kg de pommes reinette (ou golden)
150 g de sucre en poudre
160 g de beurre

matériel
moule épais de 22 cm de diamètre allant sur le feu

1 Épluchez les pommes et coupez-les en quatre, sauf une que vous couperez en deux. À l'aide d'un couteau, ôtez le centre.

2 Faites ramollir la moitié du beurre et utilisez-le pour beurrer un moule de 22 cm de diamètre. Mettez les quartiers de pomme dos contre le beurre. Au centre du moule, placez une demi-pomme. Disposez le reste des quartiers de pomme en quinconce (dos en haut) et saupoudrez de sucre en poudre. Répartissez dessus le reste du beurre coupé en petits morceaux.

3 Faites cuire doucement sur la plaque électrique pendant environ 1 heure. Pour avoir des pommes bien confites, couvrez d'une feuille d'aluminium ménager 15 minutes avant la fin de la cuisson.

4 Étalez la pâte feuilletée sur 3 mm d'épaisseur et coupez un disque de 2 cm plus grand que le moule. Piquez avec une fourchette et faites cuire au four entre deux plaques à pâtisserie. À mi-cuisson, sortez la pâte du four et découpez-y un disque de la dimension du moule à l'aide d'une assiette ou d'un cercle à pâtisserie.

5 Posez ce cercle de pâte sur les pommes cuites et faites cuire dans le four à 180 °C (th. 5-6) pendant 20 minutes. Sortez la Tatin du four et faites-la refroidir. Faites chauffer la tarte une minute sur le feu pour faire fondre le caramel et retournez-la sur le plat de service. Lissez le dessus à l'aide d'une spatule et passez un peu de beurre fondu pour lustrer.

tartelettes au pain d'épice et aux fruits confits

pour 10 personnes – préparation, **1 heure** – macération, **12 heures minimum** – repos, **1 heure** – cuisson, **20 minutes**

pour la pâte sablée

25 g d'amandes en poudre
125 g de farine
75 g de sucre glace
100 g de beurre
2 jaunes d'œufs
1 pincée de sel

pour la crème au pain d'épice

80 g de pain d'épice
150 g de fruits confits divers
60 g de sucre en poudre
80 g de beurre
2 œufs entiers
2 cuil. à soupe de Grand-Marnier

pour la finition

confiture d'abricots
sucre glace

matériel

10 moules à tartelettes de 8 cm de diamètre

1 La veille, coupez les fruits confits en morceaux et ajoutez le Grand-Marnier. Réservez dans un endroit frais.

pâte sablée

2 Dans un saladier, mélangez le beurre, la pincée de sel et le sucre glace. Ajoutez les amandes en poudre et les jaunes d'œufs. Incorporez en dernier la farine et formez une boule homogène. Réservez 1 heure au réfrigérateur.

3 Étalez la pâte sur 2 mm d'épaisseur et garnissez avec des moules à tartelettes.

crème au pain d'épice

4 Faites ramollir le beurre et mélangez-le avec le sucre en poudre. Ajoutez les œufs, le pain d'épice préalablement émietté et les fruits confits macérés.

5 Garnissez les moules à tartelettes et faites cuire dans le four à 170 °C (th. 5) pendant 20 minutes environ.

6 Après la cuisson, lustrez le dessus des tartelettes avec un peu de confiture d'abricots.

7 Saupoudrez de sucre glace avant de servir.

Notre conseil : Les fruits confits peuvent être mis à macérer plusieurs jours à l'avance. Une fois cuites, les tartelettes se congèlent très bien. Dans ce cas, les sortir un peu à l'avance et les passer 2 à 3 minutes dans le four à 160 °C (th. 4-5).

au Bonux, l'angoisse du dimanche soir, cueillir les coucous, dis bonjo
lame, l'odeur après l'orage, les barbes à papa à la fête foraine, boire à
en faisant du bruit, pic et pic et colégramme, la poupée Nina, le vé
l'au bout de la rue, la chair de poule, regarder la pluie tomber, le pa
à la confiture de madame Nigen, les petites anglaises, 1 2 3 soleil, alo
st-ce que tu racontes de beau ?, l'antésite, mon chapeau de fée, lire à
e de poche sous la couverture, les raviolis du mercredi, le nez écras
re la vitre, guetter l'arc-en ciel, le chat Sigmund dans la chaise longu
au tombé du nid, grignoter les petits beurres en commençant par le
s, les parties de rami, la casquette smurf de Pif gadget, la jupe longue
urs, sauter par-dessus les flaques d'eau, les hirondelles, jouer à l'île au
ors dans la cour de mamie, la maison de paille, les yaourts faits maiso
erises en boucles d'oreilles, souvenirs d'enfance, les crêpes au beur
sur la plage de Port Manech, le ballon rouge, les vacances en 2CV, je
par la barbichette, l'odeur de la craie, goûter la neige, se réveiller
n de Noël, je t'aime un peu beaucoup..., Titounette ma belette,
caril à la framboise, les bisous papillons, pique-niquer au bord de l'ea
uillis sous les pieds, apprendre à nager à la piscine d'Amboise, Isidore
entine, mon anniversaire mon jour, les soirées croque-monsieur,
e à lèvres rose nacré de maman, je t'ai vu t'as pas pu me voir, l'osc
e... l'eau de Cologne, la confiture de lait à la cuillère dans notre cabar
née, sucer un glaçon, « Trois jeunes tambours » chanté à tue-tête dar
iture, vanille fraise, la Tour Eiffel par les escaliers, Zorro mon premi
les bons points, la balle au prisonnier, le lait à la ferme, pauvre petit ch
de, Aïe Pépito, les baignades dans la cascade, Titite et ses petits,
au de la petite souris sous l'oreiller, les cours de piano, mon déguis
de gitane pour la kermesse de l'école, les oreilles percées, la dame vi
qui sent si bon, Pierre et le loup, le pot de Nutella caché en haut du pl
encore une histoire..., dessiner sur les vitres avec les gouttes d'ea
lo saxo, la sieste sous le citronnier, jouer à la marelle sur le trottoir,
au Bonux, l'angoisse du dimanche soir, cueillir les coucous, dis bonjo

goûter spécial vacances

Un artisan ingénieux a forgé au XIIIe siècle des plaques imitant les alvéoles des **rayons de miel**, appelées alors « gaufres ». Ainsi la gaufre trouva sa forme et son nom définitifs. Et ce que l'on aime en elle, ce sont ses fameuses alvéoles carrées qui ne demandent qu'à être **emplies de crème onctueuse**, volutes de chantilly, chocolat coulant... Pour réussir ce prodige, il faut que le gaufrier soit à la bonne température et que les alvéoles soient garnies juste à ras. La cuisson sur la seconde face sera plus courte (1 à 2 minutes) que sur la première (2 minutes 30).

gaufres à la crème de marrons et à la chantilly

pour 8 **personnes** – préparation, **1 heure** – repos, **1 heure**

–

–

–

pour la pâte à gaufres

1 cuil. à soupe d'eau de fleur d'oranger

250 g de farine

25 g de sucre en poudre

75 g de beurre fondu

3 œufs entiers

38 cl de lait

1 pincée de sel

–

–

–

pour la garniture

400 g de crème de marrons

30 cl de crème liquide

30 g de sucre glace

1 sachet de sucre vanillé

20 g d'amandes effilées grillées

–

matériel

moule à gaufres

gaufres

1 Dans un saladier, versez le lait, le sucre en poudre et le sel, puis mélangez. Tamisez la farine et ajoutez-la, ainsi que les 3 jaunes d'œufs (en réservant les blancs) et l'eau de fleur d'oranger. Fouettez énergiquement et ajoutez le beurre fondu. Laissez reposer cette pâte pendant 1 heure dans un endroit frais.

2 Montez les 3 blancs d'œufs en neige avec 1 pincée de sucre et ajoutez-les au mélange précédent.

3 Beurrez et faites chauffer le moule à gaufres. Versez-y un peu de pâte, laissez colorer et retirez la gaufre du moule. Renouvelez l'opération jusqu'à utilisation complète de la pâte.

garniture

4 Versez la crème liquide bien froide dans un saladier et fouettez-la en incorporant le sucre glace et le sucre vanillé afin d'obtenir une crème Chantilly.

5 Nappez les gaufres encore tièdes d'un peu de crème de marrons et garnissez le dessus de crème Chantilly. Parsemez d'amandes effilées grillées.

Gaufres marron et
Ingrédients
250 g de farine
3 œufs entiers
80 g de lait
75 g de beurre
25 g de sucre
1 pincée de sel
1 cl d'eau de fleur d'oranger

beignets aux pommes

pour 4 **personnes** – préparation, **40 minutes** – repos, **30 minutes**

4 pommes golden
2 cuil. à soupe de rhum brun
15 cl de bière blonde
6 g de levure de boulanger
130 g de farine
50 g de sucre en poudre
2 œufs
2,5 cl d'huile
1 pincée de sel
huile de friture

1 Épluchez les pommes et ôtez le centre à l'aide d'un vide-pomme ou d'un couteau. Coupez-les en 3 ou 4 rondelles suivant la grosseur et posez-les dans un plat. Saupoudrez avec 30 g de sucre en poudre et arrosez-les avec le rhum brun. Réservez dans un endroit frais.
2 Versez la bière dans un saladier et ajoutez la levure de boulanger et les jaunes d'œufs (en réservant les blancs). Mélangez à l'aide d'un fouet.
3 Tamisez la farine et incorporez-la au mélange précédent, ainsi que le sel et l'huile. Couvrez avec un linge et laissez reposer jusqu'à ce que la pâte commence à fermenter.
4 Montez les blancs d'œufs en neige avec 1 pincée de sucre en poudre et incorporez-les à la pâte.
5 Trempez les rondelles de pommes dans la pâte à frire et plongez-les dans une huile de friture préchauffée à 180 °C.
6 Retirez les beignets lorsqu'ils ont une belle couleur dorée (2 minutes de cuisson environ) et posez-les sur un papier absorbant. Disposez-les sur un plat de service et saupoudrez-les avec le sucre en poudre restant.

Notre conseil : Les beignets peuvent être servis avec un coulis de pêches ou d'abricots et de la glace à la vanille.

La brioche sur la table du petit déjeuner aux côtés des **bols fumant de chocolat chaud**, la petite brioche parisienne du goûter et sa forme **ludique** que l'on peut transformer en bonhomme, la brioche métamorphosée par nos mamies en pain perdu... Sa saveur douce fleurant bon le levain, aromatisée selon les régions de fleur d'oranger ou d'**angélique confite**, sait nous régaler en toute circonstance. Et quand les **pralines roses** s'en mêlent, selon la tradition de Saint-Génix-sur-Guiers en Savoie, le plaisir est à son comble. Pour optimiser le temps de préparation, pensez à doubler les proportions et à **congeler** une partie de la pâte crue en l'enveloppant dans un film alimentaire.

brioche aux pralines

pour 6 **personnes** – préparation, **40 minutes** – repos, **4 heures 30 minimum** – cuisson, **25 minutes**

100 g de pralines roses
15 g de levure de boulanger
250 g de farine
25 g de sucre en poudre
125 g de beurre
3 œufs + 1 œuf (pour la dorure)
2 cl d'eau
2 pincées de sel
20 g de sucre en grains ou de sucre cristallisé (facultatif)

1 Diluez la levure de boulanger avec l'eau légèrement tiédie. Mélangez les 3 œufs avec le sucre en poudre et le sel.

2 Mettez la farine, la levure de boulanger diluée, puis le mélange œufs – sucre – sel dans un saladier. Pétrissez cette pâte jusqu'à ce qu'elle ne colle plus aux mains.

3 Incorporez en plusieurs fois le beurre coupé en petits morceaux et continuez à pétrir pendant 10 minutes environ.

4 Concassez grossièrement les pralines roses et incorporez-les à la pâte.

5 Laissez reposer cette pâte pendant 1 heure à température ambiante. La pâte ayant doublé de volume, aplatissez-la et mettez-la au réfrigérateur 2 à 3 heures minimum. Formez une boule, déposez-la sur une plaque à pâtisserie et laissez gonfler 1 heure 30 environ dans un endroit chaud (28 °C environ).

6 Badigeonnez la brioche d'œuf battu (pour la dorure) et coupez le dessus en forme de croix à l'aide d'une paire de ciseaux. Saupoudrez de sucre en grains ou de sucre cristallisé et faites cuire 25 minutes dans le four à 170 °C (th. 5).

Notre conseil : Si vous congelez une partie de la pâte, placez-la la veille au réfrigérateur pour la décongeler.

guimauves à la fraise

pour 300 g **de guimauves environ** – préparation, **30 minutes** – repos, **2 à 3 heures**

100 g de fécule de pommes de terre
4 feuilles de gélatine
25 g de sirop de glucose
(chez votre pâtissier)
3 cuil. à soupe de sirop de fraise

250 g de sucre en poudre
2 blancs d'œufs
7,5 cl d'eau
colorant rouge (facultatif)

matériel
thermomètre de cuisson à 200 °C

1 Faites ramollir les feuilles de gélatine dans l'eau froide et faites-les fondre au bain-marie. Montez les blancs d'œufs en neige avec 10 g de sucre en poudre.

2 Versez l'eau, le reste du sucre et le sirop de glucose dans une casserole et faites cuire sur le feu. Lorsque le sucre atteint une température de 130 °C, versez-le progressivement sur les blancs en neige et continuez de mélanger. Ajoutez la gélatine fondue, le sirop de fraise et 2-3 gouttes de colorant rouge (facultatif), et mélangez doucement de nouveau 3 à 4 minutes.

3 Saupoudrez largement une plaque à pâtisserie de la moitié de la fécule de pommes de terre et versez dessus la guimauve. Étalez à l'aide d'une spatule et recouvrez du reste de la fécule.

4 Laissez refroidir complètement (2 à 3 heures) et coupez des bandes ou des carrés à l'aide d'un grand couteau. Roulez dans la fécule de pommes de terre et réservez dans un endroit frais et sec.

Notre conseil : Sortez les blancs du réfrigérateur suffisamment à l'avance pour qu'ils soient à la température de la pièce. Pour des guimauves à la menthe, utilisez la même recette et remplacez le sirop de fraise par du sirop de menthe et quelques gouttes de colorant vert. Si vous passez le sirop de glucose quelques secondes au four à micro-ondes pour le fluidifier, il sera plus facile à peser

nougat aux fruits confits

pour 8 **personnes** – préparation, **50 minutes**

–

–

–

80 g de miel
75 g de cerises confites
40 g d'écorces d'oranges confites
40 g d'amandes blanches
50 g de noisettes blanches
25 g de pistaches

–

–

–

8 cl de jus de poire
90 g de sirop de glucose
(chez votre pâtissier)
330 g de sucre en poudre + 15 g
1 gros blanc d'œuf

–

matériel
thermomètre de cuisson à 200 °C

–

1 Faites griller les amandes et les noisettes, puis ajoutez les pistaches et tenez au chaud. Coupez les cerises confites en deux et les écorces d'oranges en petits dés.

2 Dans un poêlon en cuivre ou une casserole à fond épais, faites cuire 330 g de sucre en poudre, le jus de poire et le glucose à 145 °C. Ajoutez le miel et faites cuire de nouveau à 145 °C.

3 Montez le blanc d'œuf en neige avec les 15 g de sucre en poudre à l'aide d'un batteur électrique et ajoutez le sucre cuit en le versant en filet tout en continuant à fouetter. La pâte devient alors plus ferme. Continuez à mélanger à petite vitesse pendant 2 à 3 minutes.

4 Retirez le fouet et ajoutez les pistaches, les amandes et les noisettes bien chaudes. Mélangez bien l'ensemble et ajoutez les fruits confits.

5 Versez le nougat entre deux feuilles d'azyme ou de papier sulfurisé. Écrasez-le à l'aide d'un rouleau à pâtisserie pour lui donner environ 2 cm d'épaisseur. Laisser refroidir. Coupez avec un couteau scie en morceaux de la taille désirée.

Notre conseil : Il est préférable de doubler les quantités de la recette pour obtenir un meilleur résultat, car il est difficile de monter en neige un seul blanc d'œuf. Une fois le nougat coupé en morceaux, réservez ceux-ci dans une boîte à l'abri de l'humidité. Ils seront meilleurs 4 à 5 jours après la fabrication. La durée de conservation est de plusieurs mois.

far breton aux pruneaux

pour 8 **personnes** – préparation, **25 minutes** – cuisson, **40 minutes**

–

–

–

200 g de pruneaux d'Agen
2 cuil. à soupe de rhum
25 g de farine
25 g de Maïzena
130 g de sucre en poudre
1 sachet de sucre vanillé
20 g de beurre salé
50 cl de lait
5 œufs

–

matériel
moule de 22 à 24 cm de diamètre

–

1 Versez le lait dans une casserole et faites-le tiédir.

2 Cassez les œufs dans un saladier, ajoutez le sucre en poudre, le sucre vanillé. Fouettez énergiquement. Tamisez la farine et ajoutez-la ainsi que la Maïzena. Incorporez le lait tiède et le rhum.

3 Beurrez un moule de 22 à 24 cm de diamètre et saupoudrez de sucre en poudre. Dénoyautez les pruneaux et posez-les dans le moule. Versez dessus la préparation et parsemez de petits morceaux de beurre salé.

4 Faites cuire 40 minutes dans le four à 170 °C (th. 5).

Notre conseil : Vous pouvez remplacer le rhum brun par du cognac ou de l'armagnac, et ajouter le zeste râpé d'un citron dans la préparation avant la cuisson.

gâteau aux noix

pour 8 **personnes** – préparation, **25 minutes** – cuisson, **50 minutes**

100 g de noix décortiquées
15 g de cacao en poudre
le zeste râpé d'un citron
200 g de farine
220 g de sucre glace
125 g de beurre
3 œufs entiers
1/2 sachet de levure chimique
6 cl de lait entier

pour la finition
sucre glace

1 Faites ramollir le beurre et mélangez-le dans un saladier avec le sucre glace. Ajoutez les œufs un à un et mélangez énergiquement à l'aide d'un fouet. Tamisez la farine et la levure chimique et incorporez-les.

2 Faites légèrement tiédir le lait et mélangez-le avec le cacao en poudre. Versez-le dans le mélange précédent, puis ajoutez les noix hachées et le zeste de citron.

3 Beurrez et farinez un moule et versez-y la pâte. Faites cuire dans le four à 160 °C (th. 4-5) pendant 50 minutes environ.

4 Démoulez sur une grille à pâtisserie à la sortie du four, laissez refroidir et saupoudrez de sucre glace.

Notre conseil : Faites refroidir complètement le gâteau avant de le saupoudrer de sucre glace. Pour conserver les cerneaux de noix sans risque qu'ils deviennent rances, mettez-les dans un sac en plastique et conservez-les au réfrigérateur.

petits cakes à l'orange

pour 8 **petits cakes** – préparation, **30 minutes** – macération, **1 nuit** – cuisson, **20 minutes**

75 g d'écorces d'oranges confites
le zeste râpé d'une orange
1 cuil. à soupe de Grand-Marnier
125 g de farine
75 g de sucre glace
75 g de beurre
2 œufs entiers
1/2 sachet de levure chimique
1 pincée de sel

matériel
8 petits moules à cakes individuels de 6 cm de diamètre

1 La veille, mettez à macérer les écorces d'oranges confites coupées en petits morceaux dans le Grand-Marnier.

2 Le jour même, faites ramollir le beurre et ajoutez le sucre glace et le sel. Mélangez énergiquement et ajoutez les œufs un à un.

3 Tamisez la farine et la levure chimique et incorporez-les au mélange précédent.

4 Incorporez le zeste d'orange, les oranges confites et le jus de macération.

5 Beurrez 8 moules individuels et répartissez-y cette pâte. Faites cuire 20 minutes dans le four à 180 °C (th. 5-6).

Notre conseil : Il est préférable de sortir les œufs du réfrigérateur à l'avance pour obtenir un mélange lisse et homogène. Avec les mêmes proportions, vous pouvez réaliser un grand cake dans un moule de 20 cm de longueur.

roses des sables au chocolat

pour 6 **personnes** – préparation, **1 heure** – cuisson, **20 minutes** – réfrigération, **30 minutes**

125 g d'amandes en bâtonnets ou d'amandes effilées
100 g de chocolat noir
30 g d'oranges confites
30 g de sucre en poudre
2 cuil. à soupe d'eau

1 Versez l'eau et le sucre en poudre dans une casserole et portez à ébullition. Ajoutez les amandes en bâtonnets et versez sur une plaque à pâtisserie. Faites cuire dans le four à 160 °C (th. 4-5) pendant 20 minutes environ en remuant régulièrement les amandes à l'aide d'une spatule. Sortez les amandes du four lorsqu'elles sont bien dorées. Laissez refroidir complètement.

2 Coupez le chocolat en petits morceaux et laissez-le fondre au bain-marie.

3 Coupez les oranges confites en petits morceaux et ajoutez-les aux amandes caramélisées. Versez le chocolat fondu dans le mélange d'amandes et d'oranges confites et incorporez délicatement à l'aide d'une cuillère.

4 Déposez des petits tas de cette préparation sur une feuille de papier sulfurisé et laissez durcir au réfrigérateur.

Notre conseil : Une fois les roses des sables bien fermes, conservez-les dans une boîte hermétique dans le bas du réfrigérateur. Si toutefois vous n'avez pas d'amandes en bâtonnets, utilisez des amandes effilées.

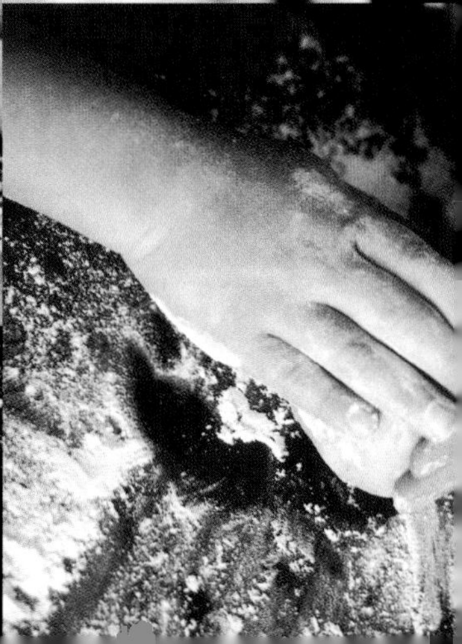

gâteau basque

pour 10 **personnes** – préparation, **30 minutes** – cuisson, **40 minutes**

370 g de farine
310 g de sucre en poudre
300 g de beurre
1 œuf + 2 jaunes d'œufs
1/2 sachet de levure chimique
1 sachet de sucre vanillé
1 cl de rhum
1 pincée de sel

pour le fourrage aux cerises noires
250 g de cerises noires
80 g de sucre cassonade

pour la finition
sucre glace

matériel
moule à gâteau de 18 cm de diamètre et 5 cm de hauteur

pâte à gâteau

1 Faites ramollir le beurre jusqu'à ce qu'il prenne la consistance d'une pommade et mélangez-le avec le sucre en poudre, le sucre vanillé et le sel. Ajoutez l'œuf et 1 jaune d'œuf et mélangez à l'aide d'une cuillère en bois.

2 Tamisez la farine et la levure chimique, ajoutez-les au mélange précédent, puis ajoutez le rhum. Mélangez et formez une boule homogène. Réservez.

fourrage aux cerises noires

3 Lavez et dénoyautez les cerises et versez-les dans une casserole. Ajoutez le sucre cassonade et faites cuire sur le feu jusqu'à l'évaporation complète du jus de cuisson. Lorsque le mélange a une consistance ferme, retirez du feu. Laissez refroidir.

finition

4 Divisez la pâte en deux et étalez-la à l'aide d'un rouleau à pâtisserie de façon à obtenir deux disques de 1,5 cm d'épaisseur. Mettez un disque de pâte dans le fond d'un moule à gâteau beurré de 18 cm de diamètre et 5 cm de hauteur.

5 Plaquez la pâte le long des parois du moule et garnissez de fourrage aux cerises froid. Posez dessus le deuxième disque de pâte et fermez hermétiquement.

6 Badigeonnez le dessus de la pâte avec 1 jaune d'œuf et tracez des rayures à l'aide d'une fourchette. Faites cuire dans le four à 170 °C (th. 5) pendant 40 minutes.

7 Laissez refroidir dans le moule et démoulez sur un plat de présentation. Saupoudrez de sucre glace avant de servir.

Notre conseil : Vous pouvez remplacer la confiture de cerises par de la crème pâtissière ou bien faire une couche de confiture et une couche de crème pâtissière.

cake aux fruits confits

pour 12 **personnes** – préparation, **45 minutes** – cuisson, **40 minutes**

pour la pâte à cake
100 g de cerises confites
60 g de raisins de Corinthe
60 g de raisins de Smyrne
60 g d'écorces d'oranges confites
10 g d'amandes effilées
le zeste râpé d'une orange
le zeste râpé d'un citron
190 g de farine
120 g de sucre glace
130 g de beurre
2 œufs entiers
1/2 sachet de levure chimique
1 pincée de sel

pour le sirop au Grand-Marnier
1 cuil. à soupe de Grand-Marnier
50 g de sucre en poudre
5 cl d'eau

matériel
moule à cake de 20 cm de longueur

pâte à cake

1 Faites ramollir le beurre et ajoutez le sucre glace, les zestes d'orange et de citron, les amandes effilées et le sel. Mélangez énergiquement et ajoutez les œufs un à un.

2 Tamisez la farine et la levure chimique et ajoutez-les au mélange précédent.

3 Incorporez les raisins secs, les écorces d'oranges confites coupées en petits cubes et les cerises confites entières. Mélangez de nouveau pour obtenir une pâte homogène.

4 Beurrez et farinez un moule rectangulaire à bord haut, puis versez-y la préparation et faites cuire dans le four à 160 °C (th. 4-5) pendant 40 minutes environ.

sirop au Grand-Marnier

5 Faites bouillir l'eau et le sucre en poudre et ajoutez hors du feu le Grand-Marnier. Couvrez avec une assiette pour éviter de perdre les arômes.

6 Vérifiez la cuisson du cake en piquant une lame de couteau en son centre. Celle-ci doit ressortir nette. Sortez le cake du four et arrosez-le de sirop au Grand-Marnier.

7 Laissez refroidir le cake et enveloppez -le dans un film alimentaire. Conservez-le 3 ou 4 jours avant la dégustation afin d'avoir un maximum de saveurs.

Notre conseil : Souvent, les raisins de Corinthe ou de Smyrne achetés dans le commerce sont très secs.
Il est préférable, pour obtenir un cake vraiment moelleux, de les plonger quelques secondes dans de l'eau bouillante, puis de les égoutter sans les passer préalablement sous l'eau froide. Vous les réserverez alors dans une boîte hermétique jusqu'à complet refroidissement.

petits cakes aux framboises

pour 12 **personnes** – préparation, **40 minutes** – cuisson, **25 à 30 minutes**

pour la pâte à cake

150 g de framboises surgelées
30 g de confiture de framboises avec pépins
10 g d'amandes effilées
le zeste râpé d'un citron
190 g de farine
120 g de sucre glace
130 g de beurre
2 œufs entiers
1/2 sachet de levure chimique
1 pincée de sel

pour le sirop de framboise

2 cuil. à soupe de sirop de framboise
1 cuil. à soupe de kirsch
50 g de sucre en poudre
5 cl d'eau

matériel

12 petits moules à cake individuels de 5 cm de diamètre

pâte à cake

1 Faites ramollir le beurre et ajoutez le sucre glace, le zeste de citron et le sel. Mélangez énergiquement et ajoutez les œufs un à un.

2 Tamisez la farine et la levure chimique et ajoutez-les au mélange précédent.

3 Incorporez les framboises surgelées et la confiture de framboises. Mélangez de nouveau pour obtenir une pâte homogène.

4 Beurrez et farinez les petits moules à cake, puis versez-y la préparation. Parsemez d'amandes effilées. Faites cuire 25 à 30 minutes dans le four à 180 °C (th. 5-6).

sirop de framboise

5 Faire bouillir l'eau et le sucre en poudre. Ajoutez hors du feu le sirop de framboise et le kirsch.

6 Vérifiez la cuisson du cake en piquant une lame de couteau en son centre. Celle-ci doit ressortir nette. Sortez le cake du four et arrosez-le de sirop de framboise.

Notre conseil : Si vous souhaitez utiliser des framboises fraîches, mettez-les au congélateur la veille afin de ne pas trop les écraser au moment de mélanger la préparation.

Le chocolat chaud était en vogue à **Versailles** au siècle des Lumières. On le préparait selon deux écoles : à la française, c'est-à-dire léger et battu à l'eau, ou à l'espagnol, c'est-à-dire très épais comme dans cette recette, grâce à la présence de **crème** et de chocolat en tablette. Pour qu'il soit **lisse et onctueux**, coupez menu le chocolat et ôtez-le du feu dès qu'il est fondu. Continuez à lisser à la spatule quelques secondes hors du feu. Pour le rendre encore plus appétissant, ajoutez sur chaque tasse une cuillerée à soupe de **mousse de lait** (lait bouilli puis mixé). Afin d'exprimer toute **la saveur des épices**, ajoutez-les seulement après la première cuisson.

chocolat chaud aux épices douces

pour 8 **personnes** – préparation, **20 minutes** – repos, **30 minutes**

recette de base
220 g de chocolat noir
20 g de cacao en poudre
55 cl de lait
46 cl de crème liquide

« le monde des épices »
1/2 gousse de vanille
1 grosse pointe de couteau d'épices en poudre (cardamome, cannelle et gingembre)

« les jardins de versailles »
1/2 gousse de vanille
1 grosse pointe de couteau de coriandre en poudre

1 Versez le lait, la crème liquide et le cacao en poudre dans une casserole et portez à ébullition.

2 Ajoutez le chocolat noir coupé en petits morceaux et laissez frémir 1 minute en remuant constamment.

3 Retirez du feu et ajoutez, selon la recette choisie, les diverses épices.

4 Couvrez et laissez infuser jusqu'à complet refroidissement.

5 Réchauffez suivant utilisation.

petits cannelés

pour 8 **personnes** – préparation, **20 minutes** – repos, **1 heure** – cuisson, **20 minutes**

1 cuil. à café de rhum brun
60 g de farine
120 g de sucre en poudre
1 sachet de sucre vanillé

10 g de beurre + beurre pour les moules
25 cl de lait
1 œuf entier + 1 jaune d'œuf
1 pincée de sel

matériel
8 moules à cannelés en cuivre étamé.

1 Versez le lait dans une casserole et ajoutez le beurre coupé en petits morceaux. Portez à ébullition et réservez hors du feu.

2 Versez l'œuf, le jaune d'œuf, le sucre en poudre, le sucre vanillé et le sel dans un saladier et fouettez le tout énergiquement. Ajoutez la farine, le rhum et incorporez le lait tiède. Mélangez et couvrez. Laissez reposer 1 heure.

3 Beurrez les moules à cannelés et versez le mélange jusqu'à 1 cm du bord. Faites cuire dans le four à 200 °C (th. 6) pendant 20 minutes environ. Démoulez les cannelés à la sortie du four sur une grille à pâtisserie.

Notre conseil : Pour avoir des cannelés bien croustillants, il est préférable de faire un mélange à parts égales de cire d'abeille fondue et de beurre fondu pour graisser les moules. Mais surtout, il est très important d'utiliser les véritables moules à cannelés en cuivre étamé.

:its beurres en commençant par les coins, les parties de rami, la c
ette smurf de Pif gadget, la jupe longue en velours, sauter par-dessus
ques d'eau, les hirondelles, jouer à l'île aux trésors dans la cour de mar
maison de paille, les yaourts faits maison, les cerises en bouc
reilles, souvenirs d'enfance, les crêpes au beurre salé sur la plage de I
nech, le ballon rouge, les vacances en 2CV, je te tiens par la barbiche
leur de la craie, goûter la neige, se réveiller le matin de Noël, je t'aime
u beaucoup..., Titounette ma belette, le Fluocaril à la framboise, les bis
pillons, pique-niquer au bord de l'eau, les guilis sous les pieds, appren
ager à la piscine d'Amboise, Isidore et Clémentine, mon anniversaire r
r, les soirées croque-monsieur, le rouge à lèvres rose nacré de maman
i vu t'as pas pu me voir, l'oscologne... l'eau de Cologne, la confiture de
a cuillère dans notre cabane perchée, sucer un glaçon, « Trois jeunes t
urs » chanté à tue-tête dans la voiture, vanille fraise, la Tour Eiffel par
caliers, Zorro mon premier vélo, les bons points, la balle au prisonnie
: à la ferme, pauvre petit chat malade, Aïe Pépito, les baignades dan
scade, Titite et ses petits, le cadeau de la petite souris sous l'oreiller,
urs de piano, mon déguisement de gitane pour la kermesse de l'école
eilles percées, la dame violette qui sent si bon, Pierre et le loup, le po
tella caché en haut du placard, encore une histoire..., dessiner sur
res avec les gouttes d'eau, Piccolo saxo, la sieste sous le citronnier, jo
a marelle sur le trottoir, le cadeau Bonux, l'angoisse du dimanche s
eillir les coucous, dis bonjour à la dame, l'odeur après l'orage, les barb
pa à la fête foraine, boire à la paille en faisant du bruit, pic et pic et c
amme, la poupée Nina, le vélo jusqu'au bout de la rue, la chair de po
garder la pluie tomber, le pain doux à la confiture de madame Nigen,
tites anglaises, 1 2 3 soleil, alors qu'est-ce que tu racontes de beau ?, l
site, mon chapeau de fée, lire à la lampe de poche sous la couverture
violis du mercredi, le nez écrasé contre la vitre, guetter l'arc-en ciel, le c
gmund dans la chaise longue, l'oiseau tombé du nid, grignoter les pe
urres en commençant par les coins, les parties de rami, la casqu

desserts pour petites canailles

caramels à la vanille

pour 500 g **de caramels environ** – préparation, **40 minutes** – repos, **2 à 3 heures**

20 g de miel d'acacia
1 gousse de vanille
140 g de sirop de glucose
(chez votre pâtissier)

20 cl de crème liquide
160 g de sucre en poudre
50 g de beurre salé

matériel
thermomètre de cuisson à 200 °C
papier cristal

1 Dans une casserole à fond épais ou dans une casserole en cuivre, versez la crème liquide et la gousse de vanille fendue en deux dans le sens de la longueur. Portez à ébullition et retirez du feu. Couvrez et laissez infuser 10 minutes.

2 Retirez la gousse de vanille et ajoutez le miel, le glucose, le sucre en poudre et le beurre salé. Faites cuire sur le feu jusqu'à 120 °C. Retirez la casserole du feu, puis attendez 2 à 3 minutes avant de verser ce caramel sur une feuille de papier sulfurisé ou entre deux règles métalliques.

3 Laissez refroidir plusieurs heures et coupez à l'aide d'un gros couteau des bandes ou des carrés. Enveloppez les caramels dans du papier cristal. Réservez dans un endroit frais et sec.

Notre conseil : Pour avoir des caramels uniformes, il est préférable de couler le caramel entre deux règles métalliques de 1 cm d'épaisseur, légèrement huilées pour faciliter le démoulage.

caramels au chocolat

pour 400 g **de caramels environ** – préparation, **25 minutes** – repos, **12 heures minimum**

120 g de chocolat noir amer
20 g de miel
140 g de sirop de glucose
(chez votre pâtissier)

2,5 cl de crème liquide
125 g de sucre en poudre
15 g de beurre

matériel
thermomètre de cuisson à 200 °C
papier cristal

1 Versez dans une casserole à fond épais le sucre en poudre, le sirop de glucose, le miel, la crème liquide et le beurre. Faites cuire sur le feu à 113 °C et ajoutez hors du feu le chocolat noir coupé en petits morceaux. Remuez doucement à l'aide d'une spatule en bois afin d'obtenir un mélange lisse.

2 Versez sur une feuille de papier sulfurisé ou entre deux règles métalliques, puis laissez refroidir.

3 Le lendemain, coupez des petites bandes ou des carrés à l'aide d'un couteau. Enveloppez les caramels dans du papier cristal et réservez-les dans un endroit frais et sec.

Notre conseil : Vous pouvez ajouter des noisettes grillées et légèrement concassées ou d'autres fruits secs dans la préparation après avoir ajouté le chocolat.

Variez le plaisir des formes en utilisant des petits moules à gâteaux en silicone (en forme d'ourson, de fleur, etc.). Versez votre sucre cuit dedans et plantez les bâtonnets sur le dessus avant refroidissement. Jouez aussi avec les couleurs : colorant rouge pour la fraise, jaune pour le citron, mélange jaune et rouge pour le parfum orange... **Un vrai jeu d'enfant** ! Vous pouvez également remplacer colorant et arôme par des sirops du commerce : à l'orange, à la menthe... Pour le papier cristal, rendez-vous chez votre fleuriste !

sucettes aux fruits

pour 8 **personnes** – préparation, **30 minutes**

50 g de sirop de glucose
(chez votre pâtissier)
colorant alimentaire
arômes de fruits naturels
250 g de sucre en poudre
10 cl d'eau

matériel
thermomètre de cuisson à 200 °C
bâtonnets en bois ou en plastique

1 Versez l'eau dans une casserole et ajoutez le sucre en poudre. Portez à ébullition et ajoutez le glucose. Faites cuire ce sirop à 150 °C (juste avant la coloration du sucre) et ajoutez hors du feu quelques gouttes de colorant et d'arôme de fruits. Mélangez à l'aide d'une spatule en bois.

2 Laissez refroidir un peu et versez le sucre cuit encore liquide en petits tas sur du papier sulfurisé ou, mieux encore, sur une toile de cuisson siliconée. Incérez un bâtonnet avant que le sucre ne durcisse et laissez refroidir complètement.

3 Enveloppez chaque sucette dans du papier cristal et conservez-les dans un endroit sec.

Notre conseil : Il est possible d'utiliser des petits moules à gâteaux en silicone. Versez votre sucre cuit dedans et placez les bâtonnets sur le dessus.

fruits déguisés

pour 8 **personnes** – préparation, **1 heure 30 minutes** – repos, **3 à 4 heures**

8 dattes
8 pruneaux d'Agen
8 bigarreaux confits
16 cerneaux de noix
320 g de pâte d'amandes blanche
1 cuil. à soupe de kirsch
quelques gouttes de colorant rouge
50 g de sucre glace

pour le sirop de sucre
10 cl d'eau
200 g de sucre en poudre

1 Coupez les dattes et les pruneaux en deux en laissant une partie attachée. Retirez les noyaux et réservez. Coupez les bigarreaux confits en deux et réservez.

2 Mélangez le kirsch avec la pâte d'amandes et séparez en deux parties. Ajoutez quelques gouttes de colorant rouge dans une des parties.

3 Formez des rouleaux réguliers de 2 cm d'épaisseur avec les 2 pâtes d'amandes en les roulant sur la table avec le sucre glace. Divisez chaque rouleau en 16 parts égales.

4 Roulez légèrement en forme ovale 8 morceaux de pâte d'amandes rose et placez-les dans les dattes. Formez des boules avec le reste de la pâte rose et collez de part et d'autre de chaque boule un demi-bigarreau.

5 Renouvelez l'opération avec la pâte d'amandes blanche pour les pruneaux et les cerneaux de noix.

6 Laissez reposer les fruits fourrés de pâte d'amandes 3 à 4 heures sur une grille à pâtisserie.

sirop de sucre
7 Versez l'eau et le sucre en poudre dans une casserole et portez à ébullition. Laissez refroidir et trempez chaque fruit dans ce sirop de sucre. Déposez sur la grille à pâtisserie et laissez cristalliser le sucre.

Notre conseil : Le choix de la pâte d'amandes est très important pour la réussite de ces confiseries. Préférez une pâte d'amandes avec un minimum de 35 % d'amandes, le reste étant du sucre.

À chaque âge ses folies ! La génération des « Sucettes à la menthe » de Patrick Sabatier frémira peut-être devant cette recette scandaleusement sucrée ! Mais ces brochettes deviendront le **goûter fétiche** des enfants les plus terribles. Pensez que vous leur construisez des souvenirs inoubliables ! Gardons néanmoins le sens pratique : la sauce peut être faite à l'avance et conservée au **bain-marie** pendant la préparation des brochettes. À la place des marshmallows, vous pouvez faire vous-même des **guimauves** à la fraise, ou même mêler toutes sortes de bonbons, tous aussi **canailles** les uns que les autres !

brochettes de fruits et de marshmallows au chocolat

pour 8 **brochettes** – préparation, **40 minutes**

16 marshmallows
16 fraises
2 bananes
1/2 citron vert
16 feuilles de menthe

pour la sauce au chocolat fondante
100 g de chocolat noir
30 g de cacao en poudre
50 g de sucre en poudre
20 g de beurre
25 cl de lait

matériel
8 piques à brochettes

1 Lavez les fraises et ôtez-en la queue. Pelez les bananes et coupez-les en 8 morceaux réguliers. Frottez les morceaux avec le demi-citron vert. Lavez les feuilles de menthe.

2 Piquez les fraises, les morceaux de banane, les marshmallows et les feuilles de menthe sur une pique à brochette (comptez 2 de chaque par personne) et réservez au réfrigérateur.

sauce au chocolat fondante

3 Dans une casserole, versez le lait et le sucre en poudre et faites bouillir sur le feu. Ajoutez le cacao en poudre et le chocolat coupé en petits morceaux. Laissez frémir encore 1 minute en remuant constamment et retirez la casserole du feu. Ajoutez le beurre et mélangez bien.

4 Posez les brochettes sur un plat de service et arrosez de sauce au chocolat. Servez aussitôt.

Humer le parfum qui s'échappe d'une **bassine** de fruits bouillonnant dans le sucre... Cette préparation goûteuse permet d'imaginer une foultitude de desserts. La confiture a le goût polisson et sucré de l'enfance. Et quand elle s'associe à la **forme ludique des lunettes**, c'est encore mieux ! **Une marmelade à l'abricot** (filtrée) donnera un bel effet doré, tandis que les confitures aux fruits rouges nous renverront aussitôt à l'enfance. Dans tous les cas, la confiture doit être plutôt ferme afin de ne pas ramollir les **sablés**. Si la vôtre est trop liquide, recuisez-la quelques minutes et attendez le **refroidissement** complet avant de procéder à la garniture.

lunettes à la confiture

pour 8 **personnes** – préparation, **50 minutes** – repos, **1 heure** – cuisson, **18 minutes**

100 g de confiture
1 cuil. à soupe d'amandes en poudre
130 g de farine
75 g de sucre glace + 20 g pour la finition
1 sachet de sucre vanillé
100 g de beurre
1 œuf entier
1 pincée de sel

1 Faites ramollir le beurre jusqu'à ce qu'il ait la consistance d'une pommade et ajoutez le sucre glace. Mélangez à l'aide d'un fouet et incorporez le sel, le sucre vanillé, les amandes en poudre, l'œuf et un quart de la farine.

2 Ajoutez le reste de la farine et mélangez du bout des doigts juste pour former une boule. Réservez au réfrigérateur 1 heure et étalez à l'aide d'un rouleau à pâtisserie sur une épaisseur de 2 mm.

3 Découpez seize formes ovales à l'aide d'un emporte-pièce. Au centre de huit de ces formes ovales, découpez encore deux petits ronds.

4 Placez la pâte sur une plaque à pâtisserie et faites cuire dans le four à 180 °C (th. 5-6) pendant 18 minutes environ. Sortez la plaque du four et déposez les sablés sur une grille à pâtisserie.

5 Accolez avec un peu de confiture chaque sablé plein avec un sablé troué et saupoudrez-les de sucre glace.

cigarettes à la confiture de lait

pour 8 **personnes** – préparation, **25 minutes** – cuisson, **10 minutes**

–

–

–

90 g de farine
160 g de sucre en poudre
1 sachet de sucre vanillé
100 g de beurre
4 blancs d'œufs
1 pincée de sel

–

1 Faites fondre le beurre au bain-marie et versez-le dans un saladier. Ajoutez le sucre en poudre, le sel et le sucre vanillé. Tamisez la farine et incorporez-la au mélange précédent.

2 Montez les blancs d'œufs en neige, ajoutez-les au mélange précédent et mélangez énergiquement à l'aide d'une spatule.

3 Beurrez une plaque à pâtisserie et déposez dessus des petits tas de la grosseur d'une noix. Étalez à l'aide d'une fourchette trempée préalablement dans de l'eau froide et faites cuire dans le four à 160 °C (th. 4-5) pendant 10 minutes environ. La pâte doit prendre une belle couleur blonde.

4 Sortez la plaque du four, décollez aussitôt les parcelles de pâte à l'aide d'une lame fine et roulez-les en forme de cigarette. Réservez dans un endroit sec. Servez avec un pot de confiture de lait.

Notre conseil : En France, la confiture de lait est encore peu connue. Au Mexique, elle est faite avec du lait de chèvre et son nom est *cajeta*. On prononce « caréta ». En Argentine, elle est fabriquée avec du lait de vache et son nom est *dulce de leche*. On prononce « doulcé de laitché ».

berlingots parfumés aux fruits

pour 600 g **de berlingots environ** – préparation, **50 minutes**

150 g de sirop de glucose (chez votre pâtissier)
500 g de sucre de canne en morceaux
arômes naturels (citron, menthe, framboise)
colorants jaune, rouge et vert (facultatif)
le jus d'un demi-citron
20 cl d'eau
huile

matériel
thermomètre de cuisson à 200 °C

1 Dans une casserole en cuivre de préférence ou une casserole à fond épais, versez l'eau et ajoutez les morceaux de sucre de canne. Portez sur le feu. Dès la première ébullition, ajoutez le glucose, puis le jus de citron quand la température atteint 120 °C. Poursuivez la cuisson jusqu'à 155 °C (juste avant la coloration).

2 Éteignez le feu et attendez 2 minutes avant de verser le sucre cuit en deux endroits sur un marbre légèrement huilé ou une toile de cuisson en silicone. Laissez refroidir le sucre jusqu'à ce que la chaleur soit supportable au toucher.

3 Versez quelques gouttes d'arômes et éventuellement de colorants différents sur chaque masse de sucre et formez une boule. Étendez chaque masse séparément et repliez le sucre sur lui-même plusieurs fois jusqu'à ce que celui-ci devienne brillant et satiné.

4 Lorsque les deux masses sont prêtes, rassemblez-les et tirez pour former un boudin de 2 cm de diamètre. Coupez à l'aide d'une paire de ciseaux les berlingots.

Pulpe de fruit, sucre et pectine se mettent à l'unisson dans ce bonbon de l'excellence, naturel et goûteux à souhait. L'un de ces régals que l'on n'oserait jamais faire soi-même, persuadé de la complexité de sa préparation, si l'on n'avait pas la recette sous les yeux pour nous prouver le contraire. Il suffit juste d'**un peu de patience**, puisque les temps de repos sont indispensables. Préparez-en de grandes quantités, car les petites canailles n'y résisteront pas ! Grâce à leur forte densité de sucre, les pâtes de fruits peuvent se conserver plusieurs semaines dans une **boîte hermétique** placée dans un endroit frais et sec.

pâtes de fruits

pour 8 **personnes** – préparation, **40 minutes** – repos, **2 fois 1 nuit**

pour la première étape

320 g de compote de pommes
170 g de compote d'abricots
100 g de sucre spécial confitures (gel sucre)
100 g de sirop de glucose
(chez votre pâtissier)

pour la seconde étape

300 g de purée de cassis, framboises ou fraises
270 g de sucre en poudre
2 g d'acide citrique en poudre (en pharmacie)
1 cuil. à café d'eau

matériel

thermomètre spécial confitures

première étape

1 Versez tous les ingrédients dans une casserole et portez à ébullition. Laissez reposer une nuit au réfrigérateur.

seconde étape

2 Le lendemain, reprenez le mélange précédent et ajoutez la purée de fruits et le sucre en poudre. Faites cuire sur le feu jusqu'à 107 °C à l'aide d'un thermomètre spécial pour les confitures.

3 Mélangez l'acide citrique et l'eau et ajoutez-les au mélange précédent. Mélangez avec une cuillère en bois et versez la préparation dans un récipient large garni de papier sulfurisé sur une hauteur de 2 cm environ.

4 Laissez refroidir une nuit de nouveau, puis découpez des petits cubes à l'aide d'un couteau. Roulez les morceaux dans le sucre en poudre et réservez dans un endroit sec.

florentin au miel

pour 10 **personnes** – préparation, **40 minutes** – cuisson, **14 minutes** – repos, **30 minutes**

150 g de chocolat noir
100 g d'oranges confites
50 g de cerises confites
150 g d'amandes effilées
50 g de miel toutes fleurs
70 g de sirop de glucose (chez votre pâtissier)
16 cl de crème liquide
150 g de sucre en poudre
beurre pour les moules

matériel
10 moules de 8 cm de diamètre et 2 cm de hauteur

1 Versez les amandes sur une plaque à pâtisserie et passez-les au four à 160 °C (th. 4-5) pendant 5 à 6 minutes pour les faire colorer légèrement.

2 Dans une casserole à fond épais, versez la crème liquide, le miel, le sucre en poudre et le glucose. Mettez la casserole sur le feu et portez à ébullition. Faites cuire 1 minute et, hors du feu, ajoutez les amandes grillées, les cerises et les oranges confites. Réservez et laissez refroidir.

3 Beurrez des moules antiadhésifs et versez dans chacun une cuil. à soupe de préparation. Faites cuire dans le four à 170 °C (th. 5) pendant 14 minutes environ.

4 Sortez les moules du four et démoulez une fois les florentins refroidis. Faites fondre le chocolat au bain-marie et nappez la partie lisse de chaque florentin.

Notre conseil : Pour avoir des florentins bien croustillants et qui ne collent pas aux dents, faites-les refroidir après la cuisson dans un endroit sec et frais. Conservez-les dans une boîte hermétique, de préférence en fer.

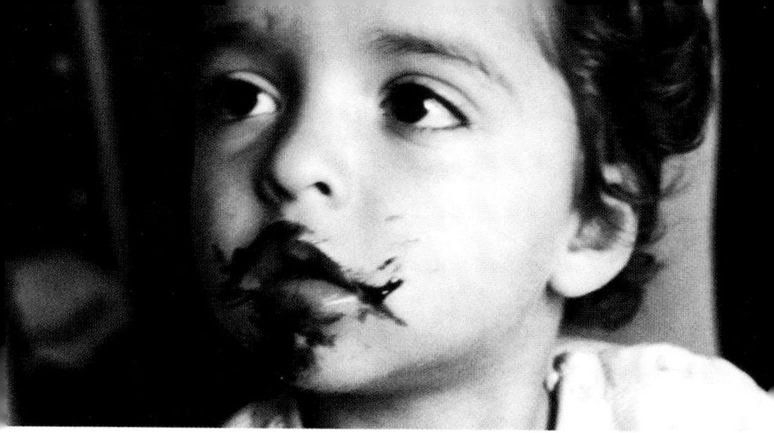

mendiants au chocolat

pour 8 **personnes** – préparation, **30 minutes** – réfrigération, **30 minutes**

500 g de chocolat noir ou au lait
50 g d'amandes blanches
50 g de noisettes
20 g de pistaches
50 g d'écorces d'oranges confites
30 g de raisins secs
1 cuil. à soupe de rhum brun

1 Versez les amandes et les noisettes sur une plaque à pâtisserie et faites-les griller au four à 180 °C (th. 5-6) pendant 10 minutes. Laissez refroidir.

2 Faites fondre le chocolat au bain-marie et réservez-le dans un endroit tiède.

3 Faites bouillir de l'eau et ajoutez les raisins secs. Portez de nouveau à ébullition et égouttez les raisins. Versez-les dans un bol et ajoutez le rhum. Laissez refroidir.

4 Recouvrez une plaque à pâtisserie d'une feuille d'aluminium ménager ou de film alimentaire et formez à l'aide d'une cuillère à soupe des galets de chocolat fondu. Disposez dessus les fruits secs, les écorces d'oranges confites et les raisins macérés et placez la plaque au réfrigérateur.

5 Laissez durcir le chocolat, puis décollez les mendiants. Réservez-les au frais dans un endroit sec.

Notre conseil : Vous pouvez également ajouter les fruits secs et fruits confits directement dans le chocolat fondu avant de former les galets ou même verser l'ensemble sur le papier et casser des morceaux après complet refroidissement.

Cette recette est une interprétation simplifiée du sucre d'orge. La véritable préparation est faite avec une macération d'orge de plusieurs jours suivie d'une cuisson lente.

sucres d'orge

pour 8 **personnes** – préparation, **50 minutes**

110 g de gelée de pomme
340 g de sucre en poudre + 50 g pour la finition
10 cl de cidre brut
huile pour le plan de travail

matériel
thermomètre de cuisson à 150 °C

1 Versez le sucre en poudre et le cidre dans une casserole à fond épais et faites cuire sur le feu à l'aide d'un thermomètre de cuisson à 150 °C.

2 Ajoutez la gelée de pomme et faites cuire de nouveau à 155 °C. Retirez la casserole du feu, puis laissez refroidir 5 minutes.

3 Versez ce sucre encore mou sur un plan de travail légèrement huilé (de préférence sur un marbre ou, mieux encore, sur une feuille de silicone spéciale pour la pâtisserie. Le sucre va alors commencer à durcir.

4 Pliez le sucre sur lui-même et formez une boule. Laissez-le refroidir encore, puis roulez-le en forme de boudin. Vous pouvez diviser la boule de sucre en deux avant de faire ce travail.

5 Coupez le boudin en bâtonnets à l'aide d'une paire de ciseaux et laissez durcir. Faites bouillir de l'eau et passez sur la vapeur les bâtonnets de sucre posés sur une grille à pâtisserie. Roulez-les aussitôt dans le sucre en poudre.

ille, les yaourts faits maison, les cerises en boucles d'oreilles, souve
nfance, les crêpes au beurre salé sur la plage de Port Manech, le ba
uge, les vacances en 2CV, je te tiens par la barbichette, l'odeur de la c
ûter la neige, se réveiller le matin de Noël, je t'aime un peu beaucou
ounette ma belette, le Fluocaril à la framboise, les bisous papillons, pi
quer au bord de l'eau, les guilis sous les pieds, apprendre à nager à la
ne d'Amboise, Isidore et Clémentine, mon anniversaire mon jour, les
es croque-monsieur, le rouge à lèvres rose nacré de maman, je t'ai vu
s pu me voir, l'oscologne... l'eau de Cologne, la confiture de lait à la cu
dans notre cabane perchée, sucer un glaçon, « Trois jeunes tambou
anté à tue-tête dans la voiture, vanille fraise, la Tour Eiffel par les e
rs, Zorro mon premier vélo, les bons points, la balle au prisonnier, le l
ferme, pauvre petit chat malade, Aïe Pépito, les baignades dans la ca
, Titite et ses petits, le cadeau de la petite souris sous l'oreiller, les c
piano, mon déguisement de gitane pour la kermesse de l'école,
eilles percées, la dame violette qui sent si bon, Pierre et le loup, le po
tella caché en haut du placard, encore une histoire..., dessiner sur
res avec les gouttes d'eau, Piccolo saxo, la sieste sous le citronnier, j
la marelle sur le trottoir, le cadeau Bonux, l'angoisse du dimanche
eillir les coucous, dis bonjour à la dame, l'odeur après l'orage, les barb
pa à la fête foraine, boire à la paille en faisant du bruit, pic et pic et c
amme, la poupée Nina, le vélo jusqu'au bout de la rue, la chair de po
garder la pluie tomber, le pain doux à la confiture de madame Nigen
tites anglaises, 1 2 3 soleil, alors qu'est-ce que tu racontes de bea
ntésite, mon chapeau de fée, lire à la lampe de poche sous la couvert
s raviolis du mercredi, le nez écrasé contre la vitre, guetter l'arc-en ci
at Sigmund dans la chaise longue, l'oiseau tombé du nid, grignoter
tits beurres en commençant par les coins, les parties de rami, la
ette smurf de Pif gadget, la jupe longue en velours, sauter par-dessu
ques d'eau, les hirondelles, jouer à l'île aux trésors dans la cour de ma

douceurs pour faire la fête

crêpes au sucre

pour 8 **personnes (environ** 25 **crêpes)** – préparation, **15 minutes** – repos, **1 heure** – cuisson, **40 minutes**

le zeste râpé d'une orange
1 cuil. à soupe de rhum brun
240 g de farine
50 g de sucre en poudre
80 g de beurre
4 œufs entiers + 2 jaunes d'œufs
75 cl de lait
7 cl d'huile
1 pincée de sel

1 Versez le beurre dans une casserole et faites-le cuire sur le feu jusqu'à ce qu'il prenne une couleur dorée. Versez-le aussitôt dans un récipient froid pour arrêter la cuisson.

2 Réservez 5 cl du lait dans une tasse, versez tous les ingrédients dans le bol d'un mixeur électrique et mélangez 1 minute. Ajoutez à la fin le beurre encore tiède et réservez cette pâte 1 heure au réfrigérateur avant utilisation.

3 Si la pâte est trop épaisse après le temps de repos, ajoutez les 5 cl de lait réservés et mélangez. Faites cuire les crêpes dans une poêle légèrement beurrée sur feu doux ou sur une crêpière.

Notre conseil : Pour servir beaucoup de crêpes chaudes en même temps, faites des piles de crêpes et enveloppez-les d'aluminium ménager. Réchauffez-les au four à 130° (th. 3) pendant 15 à 20 minutes.

Les soirées crêpes sont déjà une fête en soi. **Mais lorsque les crêpes sont soufflées !** Une sophistication qui vous prendra à peine plus de temps, d'autant que la pâte à crêpes et la crème au citron peuvent être préparées à l'avance. Il vous suffira de monter les blancs d'œufs en neige et d'effectuer (avec délicatesse !) le mélange au dernier moment. Au four, grâce à la présence des **blancs battus**, la crème va rester **gonflée et aérienne**, donnant aux crêpes une majestueuse apparence soufflée. Mais attention, ce dessert n'attend pas !

crêpes soufflées au citron vert

pour 10 **crêpes** – préparation, **1 heure** – repos, **30 minutes** – cuisson, **10 minutes**

pour la pâte à crêpes
le zeste râpé d'un citron vert
125 g de farine
50 g de sucre en poudre
60 g de beurre fondu
2 œufs entiers
30 cl de lait
1 pincée de sel

pour la crème au citron vert
7 cl de jus de citron vert
30 g de Maïzena
85 g de sucre en poudre
15 g de beurre
4 œufs
25 cl de lait

pour la finition
sucre glace

crêpes

1 Versez tous les ingrédients dans le bol d'un robot ménager et malaxez 1 minute. Réservez au réfrigérateur 30 minutes avant l'emploi.

2 Faites cuire sur le feu dans une poêle légèrement beurrée, en versant une petite louche de pâte pour chaque crêpe.

crème au citron vert

3 Versez dans une casserole le lait, la Maïzena et le sucre en poudre. Portez à ébullition et ajoutez le jus de citron vert. Portez de nouveau à ébullition et, hors du feu, ajoutez immédiatement les 4 jaunes d'œufs en réservant les blancs. Mélangez énergiquement et incorporez le beurre coupé en petits morceaux. Réservez.

4 Montez les 4 blancs d'œufs en neige avec une pincée de sucre et incorporez-les délicatement à la crème au citron vert. Beurrez une plaque à pâtisserie, posez les crêpes dessus et garnissez-les en répartissant la crème au citron vert. Pliez-les en portefeuille et faites-les cuire dans le four à 180 °C (th. 5-6) pendant 10 minutes environ.

5 Saupoudrez de sucre glace à la sortie du four et servez aussitôt.

L'enfer et le paradis, la fraîcheur d'une glace suave et givrée sous le feu d'une croûte brûlante et dorée... L'omelette norvégienne est toute en contrastes. Trop souvent masqué d'une simple meringue, ce dessert **spectaculaire** retrouve ici sa vraie recette : la glace est recouverte d'une omelette soufflée qui la protège de la fusion durant la cuisson. Le résultat est ainsi encore plus **onctueux**. Encore plus festif : faites chauffer dans une casserole 2 cl de cognac et 2 cl de Grand-Marnier et lorsque l'alcool flambe, arrosez l'omelette norvégienne. Traditionnellement, on la prépare avec une génoise, mais on peut aussi faire un socle en pain de Gênes ou en pâte à madeleine.

omelette norvégienne flambée

pour 8 **personnes** – préparation, **35 minutes**

1 biscuit génoise de 16 cm de diamètre
(chez votre pâtissier)
3/4 de litre de glace à la vanille
100 g de sucre en poudre
1 sachet de sucre vanillé
4 blancs d'œufs
2 jaunes d'œufs

pour le sirop
1 cuil. à soupe de cognac
1 cuil. à soupe de Grand-Marnier
2 cuil. à soupe d'eau

pour la finition
30 g de sucre glace

1 Préparez le sirop en mélangeant le cognac, le Grand-Marnier et l'eau et réservez.

2 Coupez dans la génoise une tranche de 2 cm d'épaisseur. Posez-la sur un plat de présentation passant au four. Imbibez légèrement le biscuit de sirop au Grand-Marnier. Recouvrez le biscuit de glace à la vanille et réservez au congélateur.

3 Versez les blancs d'œufs dans un saladier et fouettez-les en incorporant progressivement le sucre en poudre et le sucre vanillé. Une fois les blancs bien fermes, incorporez les jaunes d'œufs à l'aide d'une spatule.

4 Sortez la préparation du congélateur et recouvrez-la de cette meringue. Faites des décors en forme de vagues avec la spatule. Saupoudrez de la moitié du sucre glace et passez au four à 220 °C (th. 7) pendant 2 à 3 minutes pour colorer la meringue.

5 À la sortie du four, saupoudrez encore de sucre glace et servez immédiatement.

Pour la fantaisie, choisissez dans les magasins spécialisés des moules de toutes les formes : cloches, oursons, lapins... À défaut, utilisez des petites caissettes que vous décorerez de perles de sucre multicolores, de **paillettes d'or** (en vente dans les magasins de loisirs créatifs comme Rougié & Plé), de gros cristaux de sucre... Le mélange des chocolats pour faire des sujets **multicolores** est possible une fois la cristallisation terminée. Pour agrémenter **la palette des goûts,** mélangez le chocolat avec des épices, des arômes (vanille, extrait de café...), du praliné...

chocolats de Pâques

préparation, **2 heures environ**

proportions à fixer en fonction des moules utilisés

chocolat noir
chocolat au lait
chocolat blanc

Le principe de la fabrication des sujets en chocolat est plutôt simple, mais le procédé doit être rigoureusement respecté pour que le résultat soit satisfaisant.
Lorsque l'on achète du chocolat noir, au lait ou blanc, il se présente sous la forme cristallisée. Pour le travailler, il faut le faire fondre, ce qui revient à le décristalliser.

matériel

moules en plastique ou en fer blanc
(œuf, poisson, lapin, etc...)
thermomètre de cuisson à 100 °C

pour le chocolat noir

1 Faites fondre le chocolat au bain-marie et faites-le chauffer à 50 °C.
2 Faites-le refroidir rapidement en le versant sur une table froide ou, mieux encore, sur une plaque de marbre, et en le mélangeant avec une spatule large en métal. Il doit à ce moment être à 29 °C.
3 Remettez-le dans un récipient et réchauffez-le de quelques degrés (à 32 ou 33 °C). À ce moment, il peut être coulé dans des moules (poisson, œuf, lapin, etc.). Il va durcir rapidement sans qu'il soit nécessaire de le mettre au réfrigérateur.

pour le chocolat au lait ou blanc

Le procédé est le même, mais les températures sont les suivantes. Faites chauffer le chocolat à 45 °C. Laissez-le refroidir à 26 °C. Faites-le réchauffer à 29 °C. C'est à ce moment-là que vous pouvez utiliser le chocolat en le coulant dans des moules.

macarons à la confiture

pour 10 **personnes** – préparation, **25 minutes** – cuisson, **20 à 25 minutes**

125 g de confiture au choix
125 g d'amandes en poudre
175 g de sucre glace
10 g de sucre en poudre
1 sachet de sucre vanillé
2 blancs d'œufs

1 Tamisez les amandes en poudre et le sucre glace deux fois afin de bien les mélanger ensemble. Ajoutez le sucre vanillé.

2 Versez les blancs d'œufs dans un saladier et montez-les en neige à l'aide d'un fouet en incorporant progressivement le sucre en poudre. Une fois les blancs bien fermes, retirez le fouet et versez en pluie fine le mélange amandes et sucre en poudre. Remuez à l'aide d'une spatule jusqu'à ce que le mélange devienne homogène et brillant.

3 Versez la pâte obtenue dans une poche à pâtisserie munie d'une douille unie de 12 mm. Déposez sur une plaque à pâtisserie recouverte d'une feuille de papier sulfurisé des petits tas de la grosseur d'une noix. Faites cuire dans le four à 180 °C (th. 5-6) pendant 20 à 25 minutes suivant la grosseur des macarons.

4 Retirez la plaque du four et versez un peu d'eau entre la feuille de papier sulfurisé et la plaque à pâtisserie. Décollez les macarons et garnissez-les de confiture. Collez les coques de macarons deux par deux. Réservez au réfrigérateur.

Mardi gras... Avoir les doigts poisseux d'huile et de sucre, manger des beignets jusqu'à l'écœurement douceâtre qui vous envahit de torpeur bienheureuse... Appelés bugnes à Lyon, **merveilles** ou **oreillettes** à Montpellier, **foutimassons** ou **tourtisseaux** dans le Poitou ou bien encore roussettes à Strasbourg, partout en France les beignets sont de la fête. Selon les régions, on les prépare pour le carnaval, le jour des Rois, la **chandeleur**, les foires, et même pour les fiançailles. Prenez garde à toujours utiliser une **huile bien propre** pour vos fritures, en particulier de produits sucrés. Et servez les beignets bien chauds, généreusement saupoudrés de sucre.

bugnes lyonnaises

pour 8 **personnes** – préparation, **30 minutes** – repos, **1 heure**

1 œuf entier + 1 jaune d'œuf
1 cuil. à soupe d'eau de fleur d'oranger
250 g de farine
1/2 sachet de levure chimique
60 g de beurre
1 grosse pincée de sel
2 litres d'huile d'arachide (pour le bain de friture)

pour la finition
25 g de sucre glace

1 Mélangez l'œuf entier et le jaune d'œuf avec le sel. Ajoutez l'eau de fleur d'oranger.

2 Tamisez la farine et la levure chimique.

3 Versez dans le bol d'un robot ménager tous les ingrédients et malaxez 1 minute. Réservez au réfrigérateur 1 heure.

4 Étalez la pâte à l'aide d'un rouleau à pâtisserie et coupez des losanges à l'aide d'une roulette. Incisez le centre et pliez en rentrant la pointe du losange dans la fente.

5 Passez à la friture et réservez sur du papier absorbant.

6 Saupoudrez de sucre glace.

bûche croustillante au chocolat

pour 10 **personnes** – préparation, **1 heure** – réfrigération, **1 heure** – cuisson, **20 minutes**

biscuit aux éclats de noisettes

30 g de noisettes grillées
75 g de farine
115 g de sucre en poudre
5 œufs entiers

crème au chocolat et à l'orange

250 g de chocolat noir amer
50 g de biscuits « crêpes dentelle »
le zeste râpé d'une orange
2 cuil. à soupe de Grand-Marnier
25 cl de crème liquide

biscuit aux éclats de noisettes

1 Cassez 4 œufs et séparez les blancs des jaunes. Versez les jaunes dans un saladier et ajoutez 1 œuf et 100 g de sucre en poudre. Fouettez énergiquement jusqu'à l'obtention d'un mélange onctueux.

2 Montez les 4 blancs d'œufs en neige avec le sucre en poudre restant et incorporez au mélange précédent en remuant délicatement.

3 Tamisez la farine et concassez grossièrement les noisettes grillées. Ajoutez-les au mélange précédent. Versez cette pâte sur une plaque à pâtisserie recouverte de papier sulfurisé. Étalez à l'aide d'une spatule et faites cuire dans le four à 170 °C (th. 5) pendant 20 minutes. Retirez la plaque du four et posez un linge sur le biscuit afin qu'il reste moelleux.

crème au chocolat et à l'orange

4 Coupez le chocolat en petits morceaux et mettez-les dans un saladier. Faites bouillir la crème liquide et le zeste d'orange et versez sur le chocolat. Mélangez à l'aide d'un fouet et ajoutez le Grand-Marnier.

5 Réservez environ un quart de cette crème au chocolat dans un bol pour la finition et ajoutez les crêpes dentelle écrasées grossièrement dans la crème restante. Étalez cette préparation sur le biscuit aux noisettes et roulez l'ensemble. Réservez 1 heure au réfrigérateur.

6 Étalez la crème réservée sur le dessus de la bûche et formez des rayures avec les dents d'une fourchette. Décorez à votre idée.

Notre conseil : Vous pouvez ajouter des petits morceaux d'oranges confites dans la crème au chocolat avant de rouler la bûche. Il est préférable de déguster la bûche le lendemain : les arômes seront alors plus subtils.

profiteroles

pour 8 **personnes** – préparation, **50 minutes** – cuisson, **25 minutes**

1 litre de glace à la vanille

pour la pâte à choux
50 g d'amandes effilées
150 g de farine
30 g de sucre glace
120 g de beurre
4 gros œufs + 1 œuf (pour la dorure)
15 cl de lait
15 cl d'eau
1 pincée de sel

pour la sauce au chocolat
200 g de chocolat noir
20 g de beurre
20 cl d'eau

pâte à choux

1 Tamisez la farine. Versez le lait, l'eau, le beurre coupé en petits morceau et le sel dans une casserole et portez à ébullition. Retirez la casserole du feu et versez en une fois la farine tamisée.

2 Mélangez énergiquement à l'aide d'une spatule en bois et desséchez cette pâte en la faisant chauffer 2 minutes sur feu doux.

3 Versez la pâte dans un saladier et incorporez les 4 œufs un à un en remuant énergiquement.

4 Versez cette pâte dans une poche à pâtisserie munie d'une douille unie de 12 mm. Formez des petites boules de la taille d'une noix sur une plaque à pâtisserie. Badigeonnez le dessus d'œuf battu pour la dorure.

5 Parsemez d'amandes effilées et faites cuire dans le four à 180 °C (th. 5-6) pendant 25 minutes environ. Réservez sur une grille à pâtisserie après la cuisson et saupoudrez de sucre glace.

sauce au chocolat

6 Faites bouillir l'eau et ajoutez le chocolat noir coupé en morceaux. Donnez une ébullition et ajoutez le beurre hors du feu. Fouettez énergiquement et réservez au bain-marie. Garnissez les profiteroles de glace à la vanille et servez avec la sauce au chocolat chaude.

Notre conseil : Si vous préparez les profiteroles à l'avance, pensez à les sortir du congélateur une demi-heure avant la dégustation.

truffes au chocolat

pour 25 **truffes environ** – préparation, **50 minutes** – repos, **2 heures 30 minutes**

150 g de chocolat noir
150 g de chocolat au lait
30 g de miel d'acacia
25 cl de crème fraîche
50 g de beurre
1 grain de café

pour la finition
30 g de cacao en poudre amer

1 Coupez le chocolat noir et le chocolat au lait en petits morceaux et faites-les fondre au bain-marie.

2 Faire bouillir la crème fraîche et ajoutez le grain de café écrasé. Retirez du feu et laissez infuser 10 minutes à couvert. Passez au chinois fin et versez sur les chocolats fondus. Ajoutez le miel et le beurre coupé en petits morceaux. Mélangez doucement avec une spatule jusqu'à l'obtention d'un mélange lisse. Versez dans un plat et mettez à refroidir pendant 30 minutes dans un endroit frais.

3 Lorsque la crème commence à durcir, versez-la dans une poche à pâtisserie munie d'une douille unie de 12 mm et formez des boules de la grosseur d'une noix.

4 Faites durcir au réfrigérateur pendant 2 heures et formez des boules de la grosseur d'une bille. Roulez-les dans le cacao en poudre et réservez dans une assiette de présentation.

Notre conseil : Pour avoir des truffes moelleuses, il est très important de ne pas incorporer le beurre dans une préparation trop chaude. Le beurre se décompose au-dessus de 32 °C et devient alors cassant en refroidissant.

galette des rois

pour 10 **personnes** – préparation, **1 heure** – repos, **8 heures minimum** – cuisson, **35 à 40 minutes**

pour la pâte feuilletée
250 g de farine
250 g de beurre
11 cl d'eau
1 cuil. à café rase de sel

pour la crème d'amandes
60 g d'amandes en poudre
60 g de sucre en poudre
60 g de beurre
1 œuf entier
1 cuil. à café de Maïzena
1 cuil. à soupe de rhum brun

pour la finition
sucre glace
1 jaune d'œuf (pour la dorure)

pâte feuilletée

1 Faites dissoudre le sel dans l'eau et ajoutez 35 g de beurre fondu. Versez ce mélange sur la farine et pétrissez jusqu'à ce que la pâte soit homogène et lisse. Enveloppez cette pâte de film alimentaire et réservez au réfrigérateur 3 heures.

2 Sortez la pâte du réfrigérateur et étalez-la à l'aide d'un rouleau à pâtisserie. Posez dessus le reste du beurre bien ferme et pliez la pâte pour enfermer le beurre. Étalez de nouveau la pâte en formant un rectangle de 40 cm de longueur et pliez en trois.

3 Tournez d'un quart de tour et renouvelez la même opération (étalement et pliage). Laissez reposer au réfrigérateur 1 heure, puis renouvelez huit fois la même opération (faites deux tours).

4 Mettez au réfrigérateur 1 heure, puis refaites le même pliage. La pâte feuilletée est terminée. Laissez reposer de nouveau 3 heures au réfrigérateur.

5 Divisez la pâte en deux et étalez-la à l'aide d'un rouleau à pâtisserie pour former deux disques de 25 cm de diamètre et 2,5 mm d'épaisseur. Réservez au réfrigérateur.

crème d'amandes

6 Faites ramollir le beurre et ajoutez le sucre en poudre. Mélangez à l'aide d'un fouet et incorporez les amandes en poudre, la Maïzena, l'œuf et le rhum. Remuez énergiquement.

7 Sortez un disque de pâte feuilletée du réfrigérateur et posez-le sur une plaque à pâtisserie. Piquez-le avec une fourchette et garnissez-le de crème d'amandes jusqu'à 1 cm du bord. Posez dessus le deuxième disque de pâte et collez les bords en pressant avec le bout des doigts. Lustrez le dessus avec un jaune d'œuf et faites des traits avec la lame d'un couteau.

8 Faites cuire dans le four à 180 °C (th. 5-6) pendant 35 à 40 minutes environ. Deux minutes avant la fin de la cuisson, saupoudrez de sucre glace le dessus du feuilletage et augmentez la température du four à 250 °C (th. 8). Sortez la galette du four lorsque le dessus est brillant.

Notre conseil : Laissez reposer la pâte le plus longtemps possible au réfrigérateur avant de la garnir. Ainsi, la galette restera bien ronde malgré la cuisson.

Un grand merci à tous les « Petits Chefs »
en haut Lucile, Lula, Marie, Robin, Anouk, Louis et Danny, Nina

en bas Jérémy, Chloé, Raphaël, Lou et Enzo

remerciements

Philippe Gobet tient à remercier

Monsieur **Patrick Scicard**, Président du Directoire de Lenôtre pour son soutien de tous les jours ;

Brigitte Eveno et **Stephen Bateman** pour lui avoir donné les moyens de transmettre sa passion ;

Jacques Marcon pour son aide précieuse pour la réalisation des desserts lors des prises de vues ;

Mickaël Roulier, Emmanuel Turiot et toute l'équipe pour les photos « oh combien gourmandes » qu'ils ont réalisées ;

Anne Fitamant Peter, Catherine Vialard, Dune Lunel pour leur travail sur les textes et la maquette ;

les enfants qui ont joué aux « Petits Chefs » par un mercredi ensoleillé : Marie et Lucile, Enzo et Nina, Louis et Danny, Chloé et Jérémy, Lula, Anouk, Raphaël, Robin et Lou ;

son épouse, sa fille, ses frères et sœurs qui partagent sans compter sa folle passion gourmande.

L'éditeur remercie, pour avoir partagé leurs souvenirs d'enfance

re-Jean Furet, Marie Bonnet, Stéphane Renard, Karin Dhoste, Marie-Catherine Reumaux, Éric Marbeau, Matthieu Devaux, Sophie Duverne, Emmanuel Peter, Hélène Fitamant, Marie-Charlotte Buch-Muller, Brigitte Éveno, Dune Lunel, Anne Fitamant Peter et Catherine Vialard.

Mickaël Roulier remercie son assistant **Nathanaël Turpin.**
Emmanuel Turiot remercie **la boutique Johanna Gullichsen.**

table des recettes

mercredi entre copains

chouquettes au sucre ... 21
mousse au chocolat noir ... 22
gâteau fondant au chocolat ... 24
charlotte aux fraises de Marie ... 25
marbré au chocolat ... 26
quatre-quarts ... 28
crumble aux fruits rouges ... 30
brownies au chocolat ... 33
gâteau au yaourt ... 36
petits moelleux au chocolat ... 37
cookies aux pépites de chocolat ... 38
chaussons aux pommes ... 40
financiers au miel ... 43

un dimanche en famille

îles flottantes de mamie Cécile ... 46
éclairs au chocolat ... 49
tuiles aux amandes et à l'orange de Madeleine ... 51
vacherin glacé vanille et framboise ... 52
éclairs à la vanille ... 53
petites meringues à la chantilly ... 54
orangettes au chocolat ... 56
tarte rustique aux poires ... 58
tartelettes sablées aux fraises ... 61
tarte fine aux pommes ... 62
tarte crémeuse au chocolat ... 63
crème brûlée à la vanille ... 64
choux caramélisés à la crème ... 68
savarin aux fruits ... 69
blanc-manger au coulis de framboises ... 70

les recettes de grand-mère

pots de crème au chocolat ... 74
pots de crème à la vanille ... 76
flan aux œufs de grand-mère ... 77
palmiers géants ... 78
pains perdus caramélisés ... 80
rochers à la noix de coco ... 81
gâteau roulé à la confiture ... 82
gâteau de riz au caramel ... 84
gâteau de semoule de tante Anne ... 85
pommes au four caramélisées ... 86
puddings à l'ancienne ... 88
clafoutis aux cerises ... 93
fruits au sirop à la verveine ... 94
gâteau au fromage blanc de Marina ... 96
pain d'épice citron et orange ... 97
madeleines au miel ... 101
tarte au sucre à la crème fraîche ... 102
tarte Tatin ... 103
tartelettes au pain d'épice et aux fruits confits ... 105

goûter spécial vacances

gaufres à la crème de marrons et à la chantilly ... 108
beignets aux pommes ... 112
brioche aux pralines ... 113
guimauves à la fraise ... 114
nougat aux fruits confits ... 117
far breton aux pruneaux ... 118
gâteau aux noix ... 120
petits cakes à l'orange ... 121
roses des sables au chocolat ... 122
gâteau basque ... 126
cake aux fruits confits ... 127
petits cakes aux framboises ... 128
chocolat chaud aux épices douces ... 131
petits cannelés ... 132

desserts pour petites canailles

caramels à la vanille ... 136
caramels au chocolat ... 138
sucettes aux fruits ... 140
fruits déguisés ... 142
brochette de fruits et de marshmallows au chocolat ... 143
lunettes à la confiture ... 144
cigarettes à la confiture de lait ... 146
berlingots parfumés aux fruits ... 149
pâtes de fruits ... 151
florentin au miel ... 152
mendiants au chocolat ... 153
sucres d'orge ... 154

douceurs pour faire la fête

crêpes au sucre ... 158
crêpes soufflées au citron vert ... 160
omelette norvégienne flambée ... 161
chocolats de Pâques ... 162
macarons à la confiture ... 164
bugnes lyonnaises ... 167
bûche croustillante au chocolat ... 170
profiteroles ... 171
truffes au chocolat ... 172
galette des rois ... 174

index alphabétique des recettes

B

beignets aux pommes 112
berlingots parfumés aux fruits 149
blanc-manger au coulis de framboises 70
brioche aux pralines 113
brochette de fruits et de marshmallows au chocolat 143
brownies au chocolat 33
bûche croustillante au chocolat 170
bugnes lyonnaises 167

C

cake aux fruits confits 127
caramels à la vanille 136
caramels au chocolat 138
charlotte aux fraises de Marie 25
chaussons aux pommes 40
chocolat chaud aux épices douces 131
chocolats de Pâques 162
chouquettes au sucre 21
choux caramélisés à la crème 68
cigarettes à la confiture de lait 146
clafoutis aux cerises 93
cookies aux pépites de chocolat 38
crème brûlée à la vanille 64
crêpes au sucre 158
crêpes soufflées au citron vert 160
crumble aux fruits rouges 30

E

éclairs à la vanille 53
éclairs au chocolat 49

F

far breton aux pruneaux 118
financiers au miel 43
flan aux œufs de grand-mère 77
florentin au miel 152
fruits au sirop à la verveine 94
fruits déguisés 142

G

galette des rois 174
gâteau au fromage blanc de Marina 96
gâteau au yaourt 36
gâteau aux noix 120
gâteau basque 126
gâteau de riz au caramel 84
gâteau de semoule de tante Anne 85
gâteau fondant au chocolat 24
gâteau roulé à la confiture 82
gaufres à la crème de marrons et à la chantilly 108
guimauves à la fraise 114

I

îles flottantes de mamie Cécile 46

L

lunettes à la confiture 144

M

macarons à la confiture 164
madeleines au miel 101
marbré au chocolat 26
mendiants au chocolat 153
mousse au chocolat noir 22

N

nougat aux fruits confits 117

O

omelette norvégienne flambée 161
orangettes au chocolat 56

P

pain d'épice citron et orange 97
pains perdus caramélisés 80
palmiers géants 78
pâtes de fruits 151
petites meringues à la chantilly 54
petits cakes à l'orange 121
petits cakes aux framboises 128
petits cannelés 132
petits moelleux au chocolat 37
pommes au four caramélisées 86
pots de crème à la vanille 76
pots de crème au chocolat 74
profiteroles 171
puddings à l'ancienne 88

Q

quatre-quarts 28

R

rochers à la noix de coco 81
roses des sables au chocolat 122

S

savarin aux fruits 69
sucettes aux fruits 140
sucres d'orge 154

T

tarte au sucre à la crème fraîche 102
tarte crémeuse au chocolat 63
tarte fine aux pommes 62
tarte rustique aux poires 58
tarte Tatin 103
tartelettes au pain d'épice et aux fruits confits 105
tartelettes sablées aux fraises 61
truffes au chocolat 172
tuiles aux amandes et à l'orange de Madeleine 51

V

vacherin glacé vanille et framboise 52

Direction, **Stephen Bateman** et **Pierre-Jean Furet**
Responsable éditoriale, **Brigitte Eveno**
Edition, **Anne Fitamant Peter**
Relecture & correction, **Hélène Fitamant**
Direction artistique et réalisation, **Dune Lunel** (Modzilla)
Fabrication, **Claire Leleu**

L'éditeur remercie **Charlotte Buch-Muller**
pour son aide précieuse et ses relectures attentives.

Achevé d'imprimé en France par Mame, à Tours. Photogravure Penez, à Lille.